ちょっとしたことでうまくいく

発達障害の人が上手に子育てするための本［0〜3歳児編］

沢口千寛・豆の時間 著

SE
SHOEISHA

はじめに

本書を手にとっていただき、ありがとうございます。本書は発達障害当事者の親御さんに特化した育児書です。

世の中には「発達障害を持つ子どもをどう育てるか」という本は多数ありますが、これまで「親自身が発達障害の当事者」という本はほとんど存在していなかったことが本書を執筆するきっかけとなりました。

私は発達障害を持つ女性当事者のための支援団体である「Decojo（でこ女）」を運営しています。Decojoでは当事者会と呼ばれる、実際に当事者が集まってお互いの悩みを共有し合うイベントを、これまでオンライン・オフラインあわせて100回以上開催してきました。

そこで必ずといっていいほど出る話題が「育児」についてです。話を聞いてみると、「発達障害のため子どもを作ることを躊躇《ちゅうちょ》している」「育児書に書いてあることのハードルが高く、参考にならなかった」「育児書に書いてあることがまったくできずに自分を責めた」「他の親は困っていないことでつまずいており、誰にも相談できない」「産後うつになった」など、出産・育児に関して多くの発達障害の人が悩みを抱えていることがわかりました。

たとえば、「自分が感覚過敏で、子どもに突然ハグされる感覚が苦手」という人もいました。「子どもとのハグが苦手」と言うと、母親失格・愛情不足などと非難される可能性も高く、誰にも相談できず、子どもの愛情を受け止められない自分を責めてしまっていた、という事例です。誰にも相談できず、けれども子どものために必死に「普通」になろうと努力する、いわゆる「孤育て」になってしまう人も少なくありません。

他にも「発達障害は遺伝する可能性が高く、自分がこれまで生きづらい人生だったため、子どもを作りたいと思いながらも躊躇する気持ちがある」という相談も、何件も挙がりました。産みたい、育てたい、だけど自信がない、怖い、という気持ちです。

こういった悩みについて生々しく触れている書籍はほとんどないので、発達障害の当事者はもちろん、そのご家族・医療従事者など、多くの方にぜひお読みいただきたい内容となっています。

本書は全7章で構成されています。

第1章は妊娠、第2章はしつけと、赤ちゃんのお世話、第3章はしつけと、自分の生活習慣と妊娠から出産後までに参考となる事例を掲載しました。発達障害の人ならではの「過敏によるしんどさ」や「妊娠中の薬との付き合い方」について解説したり、発達障害の人に多い「優先順位を付けるのが苦手で何から始めたらよいのかわからない」という人向けに、チェックリストなどを使ったりしながらわかりやすく説明しています。

本書で大切にしていることとして、「育児でのハードルを上げない」ことをモットーにして、極力取り組みやすい解決策を目指して書き上げました。皆さん自身のペースで、取り入れられそうなものを選び、参考にしていただけたらと思います。

第4章はセルフケア、第5章はお金、第6章は仕事、第7章は人間関係と、発達障害当事者の親を取り巻く環境でありがちな事例と解決策を集めました。

第4章のセルフケアは、ついつい子ども最優先になりがちな人に向けて、自分自身も同じくらい大切にしてほしいという気持ちを込めて書きました。

第5章のお金は発達障害の人から多く出た「お金が苦手」という悩みをもとに、解決策を記載しています。子どもを育てていく上で、お金とは必ず向き合う必要があり、そのポイントを記載しました。

第6章は仕事をしている発達障害の人向けに、「仕事の引き継ぎはどうしたらいいの?」「社会復帰したいけれど、働けるかな?」といった事例を載せています。

第7章の人間関係はママ友やパートナーとの関係など、出産後に変化の起こりやすい人間関係にフォーカスを当てています。他人を変えるのではなく、なるべく自分自身が変わることで解決できることを目指しました。

本書作成にあたり、何度も当事者会を行い、さらに「発達ママの会」と称し、発達障害のママの集まりを複数回開催しました。大規模アンケートも実施し、当事者会とあわせると500件以上のご意見をいただきました。当事者の生の意見をギュッと凝縮した渾身の1冊となっています。ぜひお手にとって「ここって私に必要な情報かも」と思うページだけでも読んでいただけたら幸いです。

この書籍を読んだ方が一人でも「子どもを作ってみようかな」「育児が少し楽になった」「これでいいんだ」と思っていただけたら、本書の目的は達成です。あなたは一人ではありません。誰かに頼ってもいい、休んでもいい、こうやって書籍を手にとって読んでいる、頑張り屋さんな自分をねぎらいながら、肩の力を抜いて、お読みください。

第1章 妊娠への不安・妊娠中の不安を解消したい ——私が妊娠しても大丈夫？

第2章 赤ちゃんのお世話ってどうしたらいいの？

——赤ちゃんのお世話が自分にできるか不安

第3章 しつけや育児生活についての悩みを何とかしたい
——育児本に書いてあることがすべてではない

第4章 セルフケアで育児中も心身の健康を保ちたい

――自己犠牲での孤育ては禁物

第5章 育児に関するお金の不安を解消したい
——育児にお金の悩みは付き物?!

第6章 育児と仕事を両立したい
——出産前と同じように働こうとしない

第7章 人間関係の悩みを解消したい

―人間関係は人生を豊かにしてくれる

Point 1
発達障害の方が子育てで直面するさまざまな悩みの事例を紹介しています。

しつけが思い通りに進まない！

対策
- 日記アプリを使って子どもの発達段階を把握する
- 絵カードなどのグッズを使う

事例　周りと比べて焦りが止まらない

子どもにスプーンを持たせようと早1カ月、全然持つそぶりもない。「いただきます」「ごちそうさま」も毎回やっているけれど、マネする気配もなく、何も成長の兆しが感じられない。
　心配だけれど、このままでいいのかな。周りの同年代の子はもうできていることばっかりで焦りが止まらないよ〜！

原因　育児に白黒思考は禁物！

発達障害の人は物事を0%か100%かで捉えがちだが、**育児に「できる」「できない」の二元論は禁物だ**。「できる」と「できない」の間に、「できそう」「ごくたまにできる」など無限のグラデーションが存在する。
　特にASDの場合は**他者視点で考えるのが苦手**なため、「なんでできないの？」と子どもを責めがちなので注意しよう。

解決法　日記アプリを使って子どもの発達段階を把握

子どもはある日突然成長したり、気付いたら新しいことができるようになっていたりするものだ。**育児日記を付けておく**と、まったく成長しないと思っていたけれど、半年前からはこんなに成長していたんだ、と気付くきっかけになる。
　また、子どもによって発達のスピードや順序は異なるので、自分

092

Point 2
どのような原因で事例の特性が出るかを、医学的にアプローチしています。

Point 3
医療的なアプローチではなく、当事者が毎日の子育てに対応するために編み出したやり方を解説しています。

本書の特長

Point 4
発達障害の当事者である著者が自ら生み出した「手前」のつまずきをなくしていくためのヒントが満載です。

第3章 しつけや育児生活についての悩みを何とかしたい

おすすめの育児日記アプリ

●育児ノート

- チャート機能があるので、身長や体重の伸びがグラフで一目でわかる
- 夫婦間でデータを共有できるので、体調やご飯の時間など赤ちゃんの情報を共有できる

●パパッと育児

- 夫婦で育児記録をリアルタイムに共有できる
- ワンタップでミルク、オムツなどの情報を入力できるので、疲れている日でも無理なく続けられる
- 赤ちゃんの泣き声から感情を分析する泣き声診断機能がある

●ぴよログ

- 音声入力ができるので、いちいち打ち込むのが面倒な人におすすめ
- 祖父母など広い範囲の家族に共有できるので、悩みを書き込んで家族に相談もできる

●トモニテ

- 栄養士監修のアプリで、離乳食のレシピを見ることができる
- 妊娠週数や子どもの月齢に合わせたコラムも毎日配信される

093

発達障害の種類

この本では、ADHD／ADD（注意欠陥・多動性障害）、ASD（自閉スペクトラム症）、LD（学習障害）という代表的な発達障害に絞って対策を紹介しています。

発達障害にあまり詳しくなくても、「ADHD」とか「アスペルガー症候群」といった言葉は聞いたことがあるかもしれません。最近、雑誌やテレビでも取り上げられることの多くなった言葉です。

発達障害にもいろいろな種類がありますが、「ADHD」や「アスペルガー症候群」というのは、その発達障害の種類の1つです。

ADHDとASD、ASDとLDなど、複数の発達障害の特徴が当てはまることもあります。この場合、医師から複数の発達障害の診断が下りる場合もあります。

発達障害の診断は難しく、専門医がさまざまな検査を行って慎重に判断するものです。発達障害の傾向があるからといって障害があると決められるものではなく、自己判断はもちろん、専門家以外の人間が見ても判断できるものではありません。

発達障害自体、まだまだ研究が進められている段階で、ADHDやASDといった名称もこれから変化があるかもしれません。映画などで描かれることで知られることになった「アスペルガー症候群」についても、現在の診断ではASDの中に吸収されています。

それぞれの障害について、次ページで簡単に特徴を並べてみます。なお、これらの特徴は一般的なもので、実際には人それぞれで違いがあることを先にお断りしておきます。仮に全部の特徴に当てはまったとしてもその障害であるとは限りませんし、診断が出ている人でも当てはまらない特徴もあります。

ADHD/ADD
(注意欠陥・多動性障害)

特徴

不注意で気が散りやすく、何かを思いつくと衝動的に行動してしまいます。一方でやらなければならないことになかなか手を付けられない、先延ばし傾向も特徴の1つです。なお、ADDは多動性がない以外はADHDと同じ特徴です。

特性

- マルチタスクが苦手なため、育児・家事を同時にこなせない
- 出産・育児に必要な手続きや申請をつい忘れてしまう
- 金銭管理が苦手で、貯金や投資といった資産構築に無頓着
- 時間のコントロールが苦手で、保育園の登園に遅れてしまう
- 子どもやパートナーに感情をぶつけてしまい、その後自分を責めてしまう
- 片付けが苦手で、部屋が常に散らかってしまう
- 子どもが触ると危ないものも、つい置きっ放しにしてしまう

ASD
(自閉スペクトラム症)

特徴

自閉症・高機能自閉症・アスペルガー症候群などを含めた障害の総称です。PDD(広汎性発達障害)と呼ばれていたものと、ほぼ同じ意味になります。

特性

- 聴覚過敏のため、赤ちゃんの泣き声で体調を崩してしまう
- 触覚過敏があり、子どもとのスキンシップがどうしてもできない
- ルーティンのこだわりが強く、家事のペースが乱れるとパニックを起こしてしまう
- 情報の取捨選択が苦手なため、育児本の中身をどこまで取り入れたらよいかわからない
- 「手を抜く」「適当にやる」という表現が理解できない
- 対人関係が苦手なので、一人で悩みを抱えてしまったり、ママ友を作れない
- 疲労を自覚できず、いきなり過労で倒れてしまう

LD
(学習障害)

特徴

他の面では問題がないにもかかわらず、ある特定のことだけが極端に苦手になる障害です。何が苦手になるかは人によって異なります。読めなかったり書けなかったりする理由や程度はそれぞれ違いますが、「読めない」「書けない」というくくりで同じ障害として分類されています。

特性

- 子どもに絵本の読み聞かせができない
- 提出が必要な手書きの書類が書けない
- 行政関連の書類のややこしい文章が理解できない
- 病院の問診票の理解が難しい
- 子どもに文字や数字を教えることが難しい
- できることとできないことの差が激しいため、周囲の理解が得られにくい

※子育ては男女ともに取り組むものですが、本書では妊娠や出産も扱っていること、著者が女性当事者の支援団体を運営していることから、女性を中心に扱っています。母親＝父親と読み替えられるところもたくさんありますので、パパママともにお役立てください。

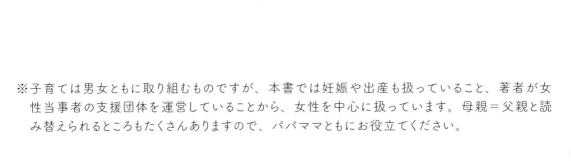

第1章

妊娠への不安・妊娠中の不安を解消したい

私が妊娠しても大丈夫？

妊娠にまったく不安がなかったという人はほとんどいない。発達障害の人にとっては薬や障害の遺伝も不安の種になりがち。後悔しないよう、自分と向き合い、人にも相談してみよう。あなたの持つ不安は、先輩ママたちも通った道だ。不安になりすぎる必要はない。

妊娠中に薬を飲めなくなるのが不安！

対策

- 「国立成育医療研究センター」のウェブサイトで相談する
- ミルクに切り替えるという選択も考えておく

事例　少し薬をやめただけでもしんどくなる

妊活したい気持ちは山々だけれど、今は薬を手放すのが不安……。試しに少し薬をやめてみると、やっぱりしんどくなってしまう。

ただでさえ、妊娠して出産、育児なんて不安だらけなのに、薬をやめた状態で乗り越えられる気がしない。でも子どもはいつか欲しいんだよなぁ……。これって諦めるしかないの？

原因　薬に頼って生活している人が多い

発達障害の人の中には、**薬を服用することでメンタルを安定させたり、衝動性・不注意などの特性を緩和させていたりする人が多くいる。**

服薬することでクローズ就労できているようなケースもあり、薬の服用は生活の維持に欠かせないという声が多い。

特に症状が重い場合には、薬の服用をやめてしまうと、仕事どころか日常生活もままならなくなってしまう場合もある。そのような場合は、自分が断薬したいと思っても、医師から反対されることもある。

解決法　諦めずにまずは専門家に相談を

発達障害の人の出産時の悩みで一番多いのが、この「妊娠中に薬を飲めなくなるのが不安」だ。

実はあらゆる精神科系の薬がダ

メなわけではなく、妊娠してからも服用して構わない薬も存在するし、完全断ちではなく、減薬に留めることで薬を継続することも可能だ。

当然、薬の種類や飲み合わせなど、個々の状況によって異なるため、「薬が手放せなくて妊娠を躊躇している」人は、**まずは専門家に相談してみよう。**

相談先はかかりつけ医でもよいし、「妊娠の話題はちょっと今の先生に相談しにくい」のなら、「妊娠と薬外来」で相談してみる手段もある。

気になる人は、「国立成育医療研究センター」のウェブサイトに「**妊娠と薬情報センター**」のページがあるので、一度のぞいてみよう。

ウェブ問診に必要事項を入力すると、自宅から近い拠点病院と、妊娠と薬外来の予約をとってくれる。妊娠のためにはどれくらい薬を減らしたり、やめたりしなければならないのか、そして減薬・断薬に向けてどのようなスケジュールを組めばよいのかなど、具体的なアドバイスをしてくれる。薬がネックで妊娠を諦めている人は、ぜひ一度相談してみよう。

また、妊娠時だけでなく、授乳中の薬についても「国立成育医療研究センター」のウェブサイトで情報を取得できる。「授乳中に安全に使用できると考えられる薬」が50音順・薬効順に掲載されているだけでなく、「授乳中の使用には適さないと考えられる薬」や「授乳中のお薬Q＆A」も掲載されているので、薬に関する情報がかなり充実している。

ウェブサイト上で悩みが解決しない場合は、電話もしくはTeamsを使ったオンラインによるお薬相談をすることもできる。20分2200円で、出産した後のお母さんが対象だ。

Column

育児は面白い！

筆者はもともと子どもが好きではなかった。ドライで、世話も得意ではなく、ついでにかわいいものに興味がない。遊園地でもキャラクターには目もくれず、園内の地図を永遠に読み込んでいた。

こんな育児適性ゼロ人間にいざ子が生まれてみると、なんと非常にかわいいのである。世話もかいがいしく焼いている。今では他人の子もかわいく思える。

しかも、なぜか共感性の低さが改善され、人の表情が読み取れるようになった。つまりは、子が生まれたことで子どもが自分事になり、興味が湧いて発達したわけである。「子に成長させられる」という言葉を痛感する日々である。

「妊娠と薬情報センター」の相談までの流れ

STEP1 Web問診システムでアカウントを作成し、問診票に入力する

- 問診票の入力には15〜30分程度かかる
- 薬の詳しい情報の入力が必要なので、電子お薬手帳のQRコードや薬の名称がわかるものを用意しておく
- あらかじめ、相談を希望する近くの拠点病院を確認の上、Web問診システムに進む
- Web問診の詳しい入力方法を確認の上、申し込む

STEP2 妊娠と薬情報センターで問診票を確認する

妊婦と薬情報センターから、システムを通じてまたはメールや電話で、内容について問い合わせる場合がある

STEP3 「相談方法のお知らせ」がメールで通知される

相談する拠点病院が決まったら、拠点病院の予約方法など詳細の案内がメールで送られてくる（Web問診システムでも確認可能）

STEP4 「妊娠と薬外来」の予約をとる

それぞれの拠点病院の予約取得方法に従って、相談外来の予約をとる

STEP5 「妊娠と薬外来」で相談する

主治医への情報提供が必要な人は、診療情報提供書を持参する

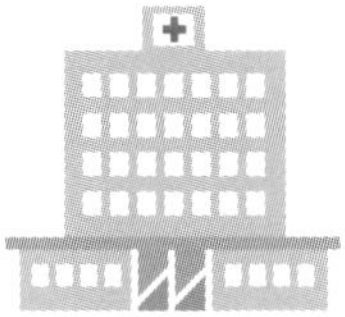

出典：国立研究開発法人 国立成育医療研究センターHP「妊娠と薬について知りたい方へ」をもとに作成
URL：https://www.ncchd.go.jp/kusuri/process/

ミルクに切り替えるという選択肢も持っておく

何より大切なのは、もし授乳中にどうしても薬に頼りたくなった場合は、**無理せずミルクに切り替えて母乳をやめるという選択をとることだ。**

「絶対に母乳で育てなければならない」「赤ちゃんがかわいそう」と思い詰めてしまうと、最悪な場合、産後うつにつながってしまう。赤ちゃんのためにもお母さんが心身ともに健康であることが一番大切だ。

もちろん、最初から母乳で育てることを諦める必要はないが、「もしダメだったらミルクに切り替えよう」くらいの第二の選択肢を持っておくことで、グッと気持ちが楽になる。

つい、自分を後回しにしがちなので、出産後はとりわけ自分をねぎらうようにしよう。

Column

「ゼロリスク」の欺瞞

とかく妊婦には制限が多い。食べてはいけないものだけで、生魚、ナチュラルチーズに始まり、マグロ、カジキ、ヒジキ、レバー、カレー、キムチ、ハーブティーなど、数え上げればキリがないほどだ。

これらを食べたら確実に胎児に影響があるかというと、もちろんそんなことはない。悪影響がないとはいえない、というレベルだ。

それでも、一般的には忌避される。これは、万が一を恐れるリスク管理からだ。

では、リスク管理が正しいかというと、そうでもない。つわりでカレーしか食べられない人が、スパイスは胎児に悪いからといって食べない場合、絶食とスパイス、どちらが身体に悪いかといえば明白だろう。要は、どちらがよりメリットがあるかだ。

コンサータやストラテラといった発達障害の人に処方される薬の服用も、なんとなく忌避されているが、実際には妊娠中の使用に関するエビデンスはまだ少ない。服用しないと生活に明確なトラブルが出る場合、服用したほうが明らかにメリットが大きい。ゼロリスクが絶対的な正解ではないことを覚えておこう。

「国立成育医療研究センター：妊娠と薬情報センター」のHP
URL：https://www.ncchd.go.jp/kusuri/process/

子どもに発達障害が遺伝するのが怖くて、妊娠に踏み出せない！

対策
○自分の本心と向き合おう
○「相談先」を事前に確保しておく

事例　私のせいで子どもが生きづらさを抱えてしまうかも

子どもは欲しいけれど、自分と同じように発達障害になって苦労しないかすごく心配。

発達障害って遺伝するんだよね。私の親も診断こそ出ていないけれど、バリバリ発達特性があったし、もし遺伝するのなら私のせいで子どもが生きづらさを抱えてしまうかも。やっぱり子どもを作るのはやめたほうがいいよね。

原因　自己肯定感の低さから人生に制限をかけてしまう

発達障害の人は**自己肯定感の低い人**が多い。発達障害の診断を受けているということは何かしらの生きづらさを抱えた結果、診断にまで至っているケースがほとんどだ。

こういった〝生きづらさ〟体験を幾度となく経験した結果、いつしか自分を責めてしまい、自己肯定感が低くなってしまったケースは少なくない。

自己肯定感が低いと、何か行動を起こす際に「私なんかが」という気持ちが前面に出てしまい、なかなか行動に踏み出せなくなってしまう。

解決法　自分の本心と向き合おう

発達障害の遺伝率については諸説あるものの、50〜80％といわれている。ただ、年齢を重ねるごとに数値は低くなるといわれており、幼少期に特性が出たとしても、成人後も特性が出続けるとは限らない。

もちろん、100%遺伝するわけではないし、両親ともに発達障害ではなくても、子どもにはその特性が出ることもある。

ただ、でこ女で独自に実施したアンケート結果によると、6割程度の親が「子どもにも発達障害の診断・もしくは疑いあり」と答えており、断定はできないものの、子どもにも発達特性が出る可能性はある。

したがって、発達障害が遺伝することを嫌って子どもは作らないという選択も、あなた自身が心から納得しているのであれば1つの決断だ。

しかし、「ネットの書き込みで『発達障害の人は子どもを産むな』という発言を多く見かけたから」とか、「『あんたに子育てなんかできるわけない』と親から言われたから」などと他人の発言に左右さ

子どもに発達特性はあるか？（でこ女調べ）

●お子さんにも発達特性はありますか？
（ご兄弟のうち、1人でも特性がある場合はあると回答ください）（72件の回答）

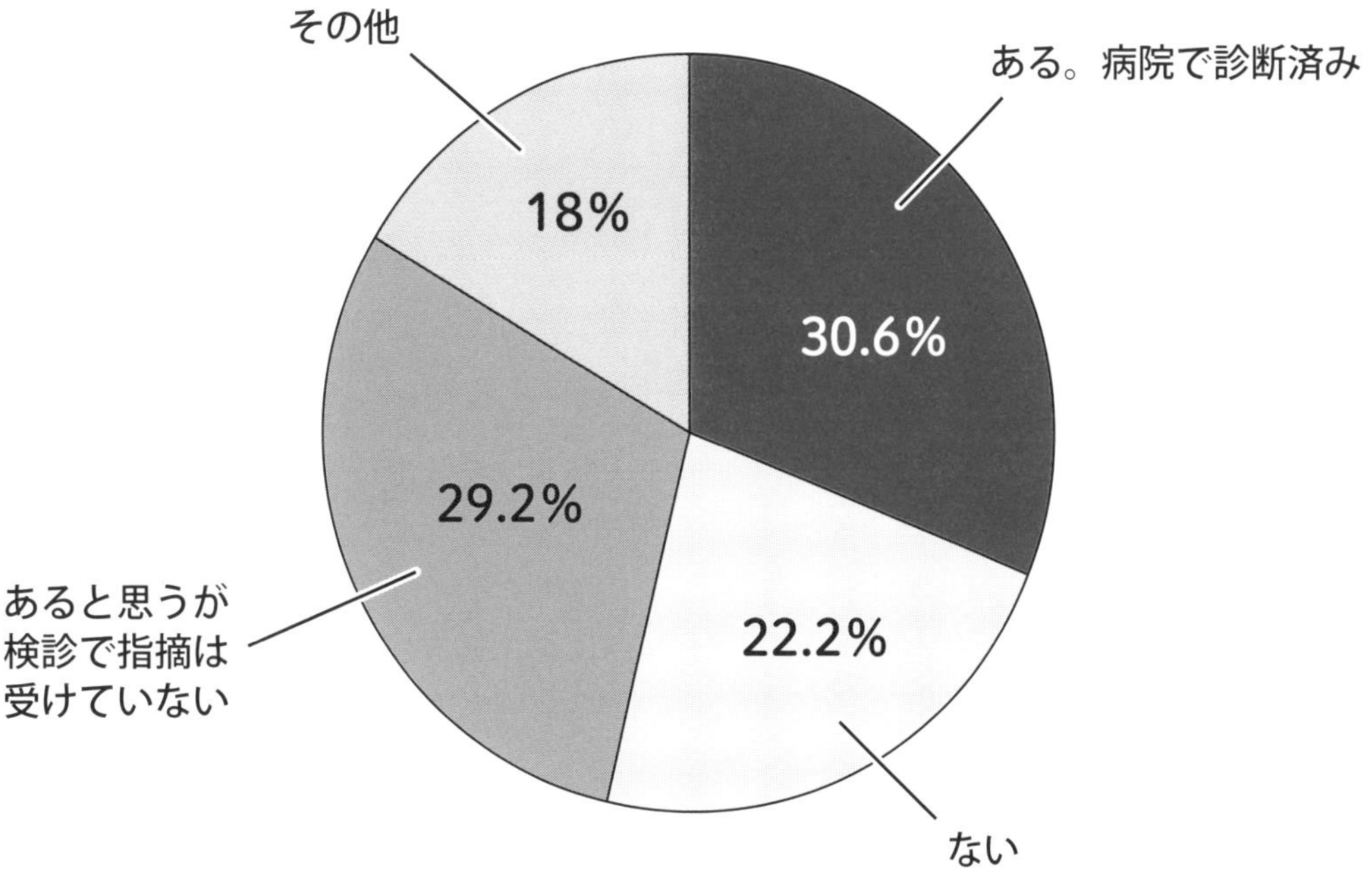

れて子どもを持つことを諦めているのであれば、ちょっと待ってほしい。

子どもを作る・作らないという大きな選択を、他人の意見で決めてしまって本当に将来後悔しないのだろうか。

でこ女で独自に実施したアンケート結果によると、「子どもを産んだことを過去に後悔した時期もあった」と回答した人が半数近くいたため、育児はきれいごとでは済まない大変なことがわかる。しかし、子どもを産んだことをはっきりと後悔している人はいなかった。

育児を通して自分自身も成長するし、何より子どもの存在はプライスレスだ。子どもを作るかどうかの選択は、自分の素直な気持ちを最大限尊重してほしい。「でも」「どうせ」は抜きで、本心と向き合おう。

実は、ほとんどの人はそこまで

子どもを産んだことを後悔したことはあるか（でこ女調べ）

●ぶっちゃけ、子どもを産んでよかった？（72件の回答）

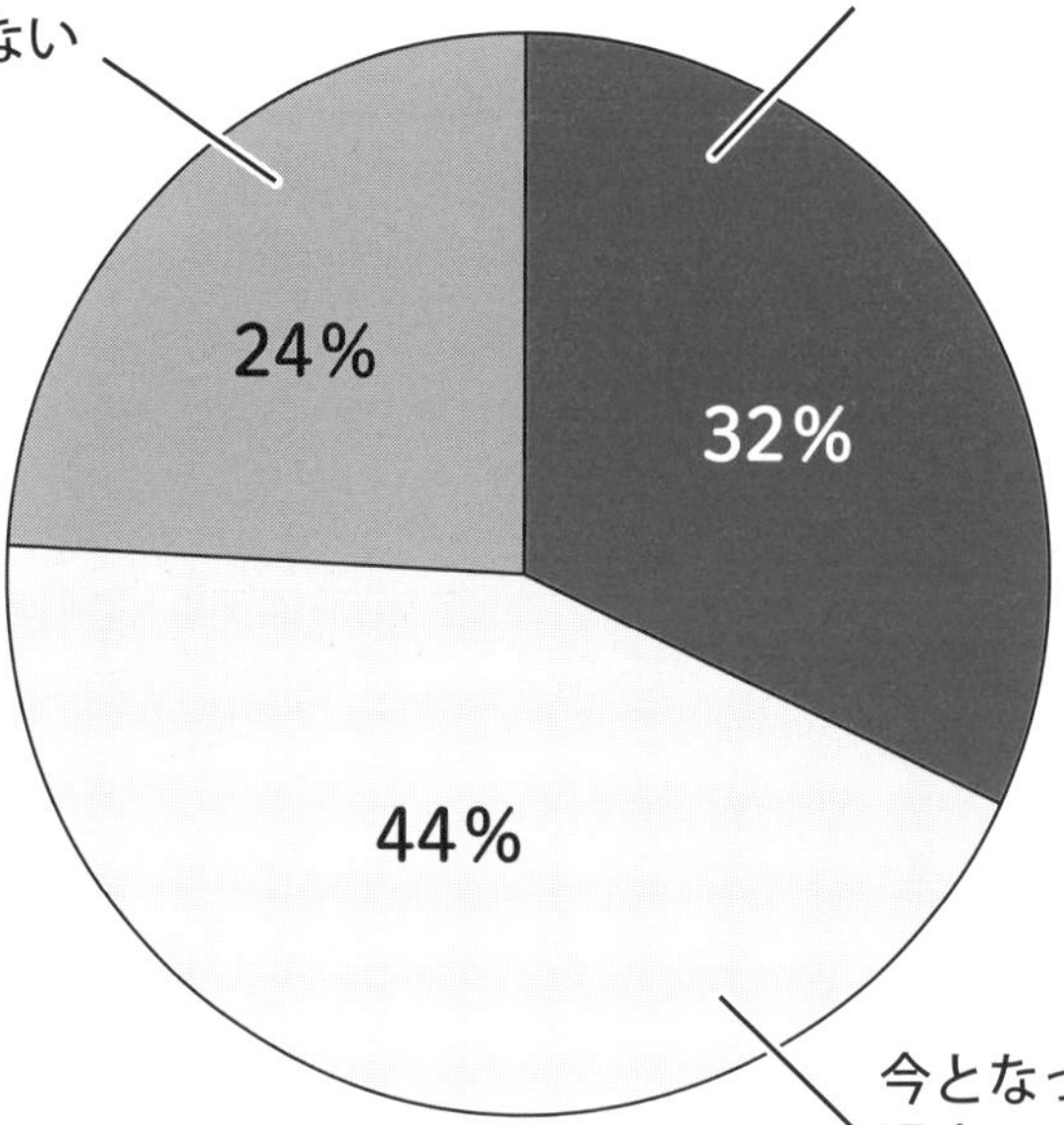
よかった！
後悔したことはない
正直、よかったか
どうかわからない
今となってはよかったが、
過去にそう思えない時期も
あった

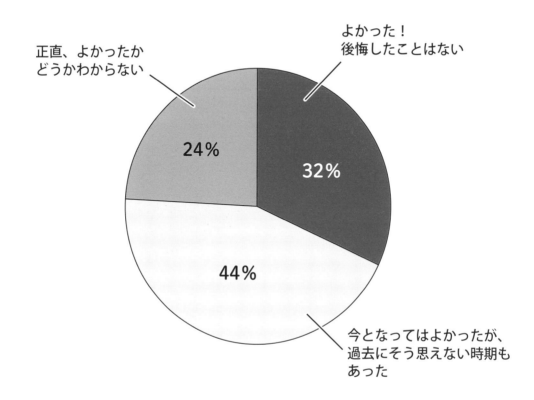

将来を重く考えず、それこそ「案ずるより産むがやすし」精神で子どもを作っているケースも多い。自分の心に素直に問いただしてみて、後悔しない選択をしよう。

「相談先」を事前に確保しておく

とはいえ、子どもを作るという決意をしたとしても、不安は残る。せっかく遺伝する可能性が高いと事前にわかっているのであれば、事前に対策しない手はない。

特に大事なのが**「相談先」を事前に確保しておくこと**だ。この相談先は身内や友人でもよいが、おすすめは地域の保健師だ。妊娠前でも、妊娠や出産に関する悩み相談を受け付けているので、事前に悩みを話しておくとよい。

住んでいる自治体の保健所で相談すると、相談窓口につなげてくれる。困ったときに福祉につなげてくれるのが保健師の強みであり、「どういう支援があるのかわからない」「いろいろな支援があるけれど、自分が対象なのか、どれを受けたらよいのかわからない」という問題も解決する。

妊娠後であれば、母子手帳を受け取る際の面談で「発達障害を持っているので保健師さんに相談したい」という旨を伝えれば、紹介してもらえる。

母子手帳をもらうタイミングで言いそびれた場合も、地元の「保健福祉センター」に行って「育児のことで保健師さんに相談したい」と伝えれば、つなげてもらえる。

また、最近では政府の子育て支援も活性化しており、2023年度よりこども家庭庁では「**妊娠・子育て家庭への伴走型相談支援**」を開始している（25ページ参照）。この制度は妊娠期から子育て期の悩みやすい時期に、一貫した相談支

保健師と看護師の違い

	保健師	看護師
主な仕事	保健指導	• 診療補助 • 療養者の世話
主な支援対象	地域住民　など	傷病者　など
主な勤務先	• 市区町村（保健センター） • 保健所 • 病院・診療所 • 一般企業 • 学校	• 病院・診療所 • 訪問看護ステーション • 介護施設 • 保育所　など

援を受けられる制度だ。

　こういった国の制度、住んでいる自治体の制度がわかると不安も減るので、ぜひ調べて活用してみよう。

　実際にアンケートに答えてくれた先輩ママの声でも、「発達障害は絶対に遺伝すると思っていたから、事前に自治体の支援制度などを生む前に調べ尽くしました。その結果、安心して妊娠・出産することができました。今のところ、子どもに発達特性は出ていませんが、下調べをしておいてよかったと思います」という意見があった。実際に支援を使わないかもしれないが、まずは調べることで安心できるはずだ。

遺伝ですべては決まらない

　そもそも、発達障害は「よくないこと」なのだろうか。発達障害であれば、絶対に苦しい人生なのだろうか。発達障害者は、存在してはいけないのだろうか。もちろん、絶対にそんなことはない。

　発達障害を持っていても、特性を理解し、反対にそれを活かして幸せに暮らしている人はたくさんいる。こういうときに有名人を引き合いに出すのは好きではないが、スティーブ・ジョブズもイーロン・マスクも、発達障害であることを公言している。芸能人にも、発達障害であることを公言する人が出てきている。

　大切なことは、**自分の能力や特性を正しく理解すること**と、**その特性を活かせる環境を作ること**だ。遺伝ですべては決まらない。

　「子どもに苦しい思いをさせるのは罪」という心ない言葉もある。しかし、発達障害でなければ、１００％幸せな人生を送れるのだろうか。もちろん、そんなことはない。

　そもそも発達障害という概念が生まれたのはここ50年、社会に広まったのはここ20年ほどにすぎない。したがって、私たちの子どもが大人になる頃には発達障害という概念がなくなって、もっと別の「障害」が生まれている可能性もある。

　つまり、「社会で不利な属性は生まれないほうがいい」という考え方は、その社会が常に変化し続けている点で破綻している。今の社会で有利とされる能力が、50年後もそうとは限らない。１００％「社会的に正しい」遺伝要素など、最初から存在していない。だから、発達障害を欠点とは思わないでほしい。

　たとえこれまでの自分の人生が苦しかったとしても、その経験をバネに、子どもの人生を照らすことはできる。子育てにおいては、発達障害で苦しんだ経験は財産にもなる。そのことを忘れないでいてほしい。

妊娠時から出産・子育てまで一貫した伴走型相談支援と経済的支援のイメージ

※継続的に実施

妊娠期（妊娠8~10週前後）	妊娠期（妊娠32~34週前後）	出産・産後	産後の育児期
面談（※1）	面談（※2）	面談（※3）	随時の子育て関連イベントなどの情報発信・相談受付対応の継続実施

【実施主体】
子育て世代包括支援センター（市町村）
（NPO等の民間法人が実施する地域子育て支援拠点などへの委託を推奨）

伴走型相談支援

（※2・※3）
SNS・アプリを活用したオンラインの面談・相談、プッシュ型の情報発信、随時相談の実施を推奨

※1　子育てガイドを一緒に確認。出産までの見通しを寄り添って立てる　など

※2　夫の育休取得の推奨、両親学級などの紹介。産後サービス利用を一緒に検討・提案　など

身近で相談に応じ、必要なメニューにつなぐ

＊3　子育てサークルや父親交流会など、悩みを共有できる仲間作りの場の紹介。産後ケア等サービス、育休給付や保育園入園手続きの紹介　など

- 妊娠届出時（5万円相当）・出生届出時（5万円相当）の経済的支援
- ニーズに応じた支援（両親学級、地域子育て支援拠点、産前・産後ケア、一時預かりなど）

出典：こども家庭庁HP「妊婦・子育て家庭への伴走型相談支援と経済的支援の一体的実施（出産・子育て応援交付金）
URL：https://www.cfa.go.jp/policies/shussan-kosodate

病院選び、どうしていいかわからない！

対策

必要要素を書き出す＆出産後の生活を考えよう

事例

考えることが多すぎて対処できない

もしかしてもしかすると妊娠しているかもしれない。

妊娠検査薬で検査してみると……陽性！

わ〜お！　妊娠だ！　どうしよう。まずは病院に行かないと。

産婦人科で検索してみると、意外と数があるなぁ。総合病院みたいな大きいところがよいだろうか。それとも単に家から一番近い病院でいいのかな？

というか里帰りもするよね。そうなると地元の病院も選ばないといけないの。なんか、やることだらけ。

原因

先の見通しを立てるのが苦手＆優先順位が付けられない！

病院選びは、思っているよりも考えることが多い。月に1回通院できる距離であることは必須だし、住んでいる自治体の助成金の対象でないと、自費診療になってしまう。

里帰り出産を考えているのなら、妊婦健診とは別に、出産する病院の予約をとらなくてはいけない。

さらに、発達障害の二次障害でうつやパニック障害がある場合、ハイリスク妊婦として総合病院でないと受け入れ不可という可能性もある。

このように考えなければならないことが多いため、**先の見通しを立てるのが苦手**だったり、**優先順位が付けられない**発達障害の人にとっては病院選びだけでも大変な苦労を伴ってしまう。

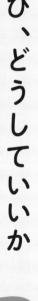

解決法　必要要素を書き出す＆出産後の生活を考えよう

どの病院がいいか頭の中で考えていてもグルグル堂々巡りになるだけなので、**通いたい病院の条件を書き出してみよう**。

また、妊婦健診と産院（産む病院）は、別の病院でも大丈夫。里帰り出産をする場合は、現在住んでいる家の近くで妊婦健診を受けて、出産日が迫ったら地元の産院へ転院することが多い。

病院選びのポイント

妊婦健診については、次のような観点から考えるとよい。

●家か職場から近いこと

おなかが大きくなると、少しの距離でも歩くのが大変になる。無

妊婦健診時の病院選びのポイント

家か職場から近いこと

土曜日に通院できること

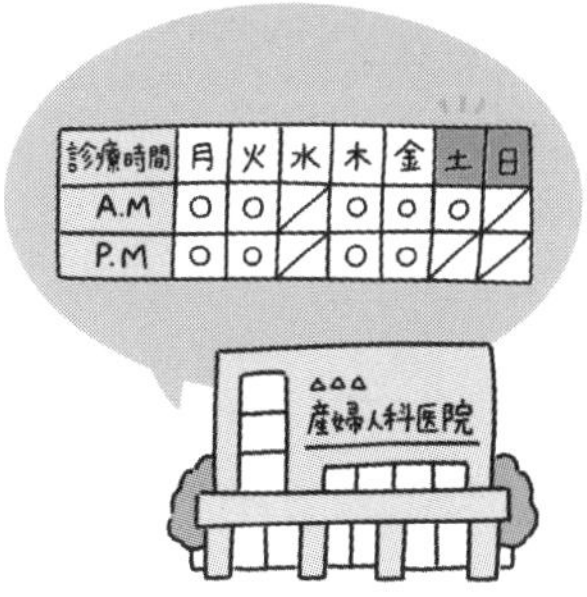

住んでいる自治体の補助が使えること

4Dエコーのある病院

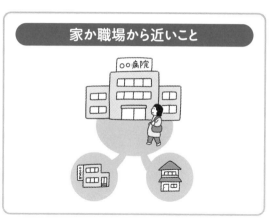

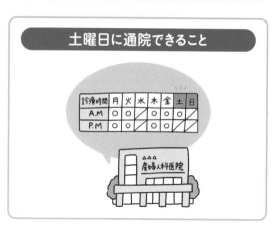

理なく通える場所にある病院を選ぼう。

●土曜日に通院できること

妊娠中期に入ると、妊婦健診の頻度は2週間に1回になる。働いていると平日は通うのが難しいので、土曜日にも通える病院のほうがよい。

●住んでいる自治体の補助が使えること

妊婦健診には自治体から補助クーポンが出るが、住んでいる自治体以外の病院だと、別途申請が必要になる。いちいち申請するのは面倒なので、補助対象の病院を選ぶほうがよい。

●4Dエコーのある病院

病院によっては、4Dエコーという赤ちゃんの顔が見られるエコーを導入しているところもある。別途費用がかかる場合が多いが、おなかの中にいる赤ちゃんの顔写真を記念に残せるので、思い出を残したい人におすすめだ。

次に産院についてだが、次のような観点から考えよう。

●総合病院で他科と連携していること

精神的に不安な面がある、年齢が高齢出産にあたる、持病があるなどの場合は、他の診療科と連携できる総合病院がおすすめだ。

●家からの距離

妊娠後期に入ると、妊婦健診の頻度は週1になる。産後も2週間おきに産後健診に通うことになる。

また、出産は陣痛が来るまでは家で普通に過ごし、いざ陣痛が始まったら産院へ向かう。家族が車で送迎してくれない限りはタクシーで向かうことになるので、できる限り家から近いところを選ぼう。

●無痛分娩ができること

最近は希望する人が多い無痛分娩だが、意外と導入している産院は多くない。特に小さい産院だと麻酔科医が不在でできないことも多いので、「絶対痛いのは嫌だ！」という人は無痛分娩ができることを第一に選ぼう。

●出産費用

2023年に、出産育児一時金が50万円に増額になった。出産費

Column

ハイリスク妊娠

妊娠中から産後にかけて、母体や胎児が危険な状態になりやすい妊娠を「ハイリスク妊娠」と呼ぶが、これには決まった定義がない。精神障害や発達障害もハイリスク妊娠に該当するとしている病院もある。

場合によっては転院を促されることもあるので、精神疾患の既往歴があったり、精神障害者手帳を取得していたりする場合は精神科がある総合病院を選ぶほうが安心だ。

用をできる限り安く抑えたい人は、50万円に収まる産院を選ぼう。

出産にかかる金額は、病院のホームページに書いてあることが多いが、記載がない場合は問い合わせよう。

●産院の特徴

立ち合い出産の有無、母乳育児に対するスタンス、母子別室か同室かなど、産院によって出産・育児へのスタンスはさまざまだ。母乳とミルク混合で育てたい、産後は母子別室でゆっくりしたいなど、希望がある場合は、その希望に沿った産院を選ぼう。

なお、多くの産院は、出産の予約は妊娠20週までとなっていることが多い。しかも人気の産院は予約がすぐに埋まってしまうので、できれば妊娠3カ月を迎えるまでには予約を済ませておいたほうがよい。

産院選びのポイント

つわりがしんどくて もう何もかも無理！

対策

- とにかくサボる！ それ以外の対処法はなし
- 身体の状況＆お願いを手紙で共有する

事例 つわりで体調だけでなく メンタルも限界に

ついに妊娠が判明し、喜んだのもつかの間。

あれ？ 何これ？ めっちゃしんどい。1日中ムカムカするし、食欲も出ないし、乗り物酔いがずっと続いている感じ。

こんな状態で毎日電車に乗って通勤とかつらすぎる。

しかも夫は、何も食べられなくて寝込んでいる私を横目にテイクアウトの弁当をガツガツ食べている。もうにおいがするだけで吐きそうなんだって。腹立つーー！

妊娠前はこんなに怒ったりしなかったのに！

原因 もともとの症状が より悪化しやすい

つわりのつらさは、当事者以外には理解されづらい上に、症状も期間も人それぞれなので、人の体験談もあてになりにくい。

加えて発達障害があると、**もともとの感覚過敏がより悪化したり、感情のコントロールがより難しくなったり**と、より症状がひどくなりやすい。

解決法 とにかくサボる！ それ以外の対処法はなし

つわりには薬も対処法もないので、基本的には「**終わるまで耐える**」が唯一の対策になる。

家事は極限までサボって、パートナーに頼れるならすべて任せてしまおう。

料理・掃除・洗濯ができれば上出来。必要最低限の家事で生き延びよう。

それぞれ、次のような工夫で乗り越えよう。

- 料理……オイシックス、ナッシュなど、レンジでチンするだけ、キットを調理するだけのミールキットが便利。特に料理はにおいで吐き気が出る人が多いので、パートナーに作ってもらえると楽。
- 掃除……動くのもつらいときは、窓を開けて換気するだけでも、空気中の汚れを外に出すことができる。掃除機はこの際諦めて、調子のいい日にキッチンなど汚れやすいところにかけるだけでよい。
- 洗濯……つわり中は、これまで使っていた洗剤や柔軟剤のにお

家事を楽にする工夫

料理

ミールキットを活用する

洗濯

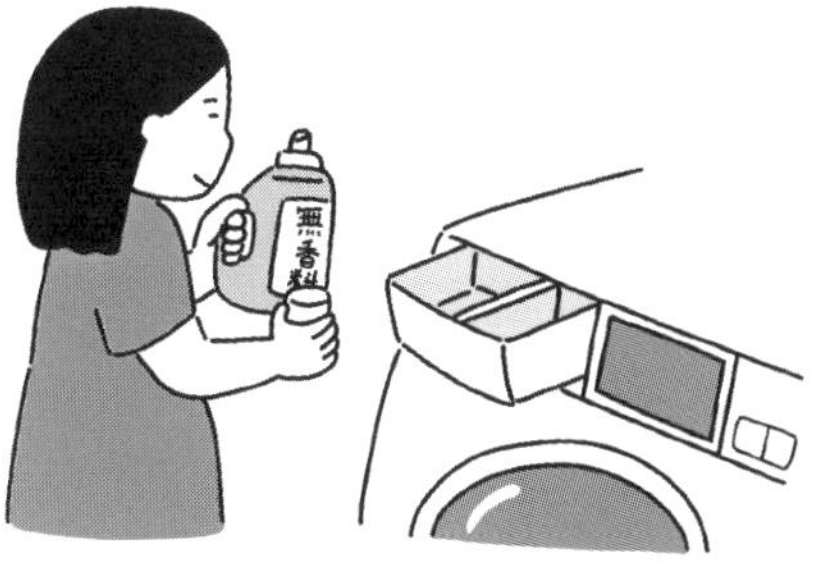

無香料の洗剤に切り替える

掃除

換気だけはして、体調のよい日に汚れやすいところだけ掃除機をかける

いで吐いてしまうこともある。

そんなときは我慢せず、無香料のものに切り替えよう。お金と間取りが許せば、妊娠がわかった段階で乾燥機付き洗濯機を導入できると、産後の生活もぐんと楽になる。

ちなみに、どんなにつらくても、少しだけでも身体を動かしたほうが結果的につわりが楽になることもあるので、時には少し身体を動かしてみよう。

身体の状況&お願いを手紙で共有しよう

つわり中は、吐き気のせいで一言話すのさえしんどいこともある。けれども、パートナーにはそれがわからず、「俺と話したくないんだ」とすねてしまうことも。

そんな悲しいすれ違いを防ぐためにも、**身体の状況は逐一報告しよう**。

特に発達障害があると、自他境界が曖昧になり、「言わなくてもわかるでしょ」と思い込んでしまうこともあるので、相手に伝える・共有することを意識しよう。

また、しんどいとすべてが面倒になって相手の気遣いにも「大丈夫」で済ませがちだが、せっかくなら頼ってしまったほうが身体も心も楽になる。

つらさでつい口調が荒くなってしまうときは、**LINEや手紙でお願いを共有しよう**。

あまりにひどいつわりは妊娠悪阻かも

1日中吐き続けている、水も飲めない、妊娠前から体重が5キロも落ちている。

そのような、あまりにひどいつわりは妊娠《にんしん》悪《お》阻《そ》かもしれない。妊娠悪阻は重症のつわりで、妊婦の0・5〜2%の人がなるといわれている。

以下に当てはまる場合、妊娠悪阻の可能性が高い。放置すると母体や胎児の命に関わることもあるので、今すぐ病院へ行ってほしい。

- 食事や水分がとれない
- 1日三度以上の嘔吐がある
- 体重が妊娠前に比べて5%以上、または3キロ以上減っている
- 頭痛・めまいがある、トイレの回数が減った（脱水）

ちなみに、医師が妊娠悪阻で就労不可と診断した場合、傷病手当金と傷病休暇を取得できるので、相談してみよう。

傷病手当金が支給される条件

- 業務外の事由による病気やケガの療養のための休業であること
- 仕事に就くことができないこと
- 連続する3日間を含み4日以上仕事に就けなかったこと
- 休業した期間に給与の支払いがないこと

「待機3日間」の考え方

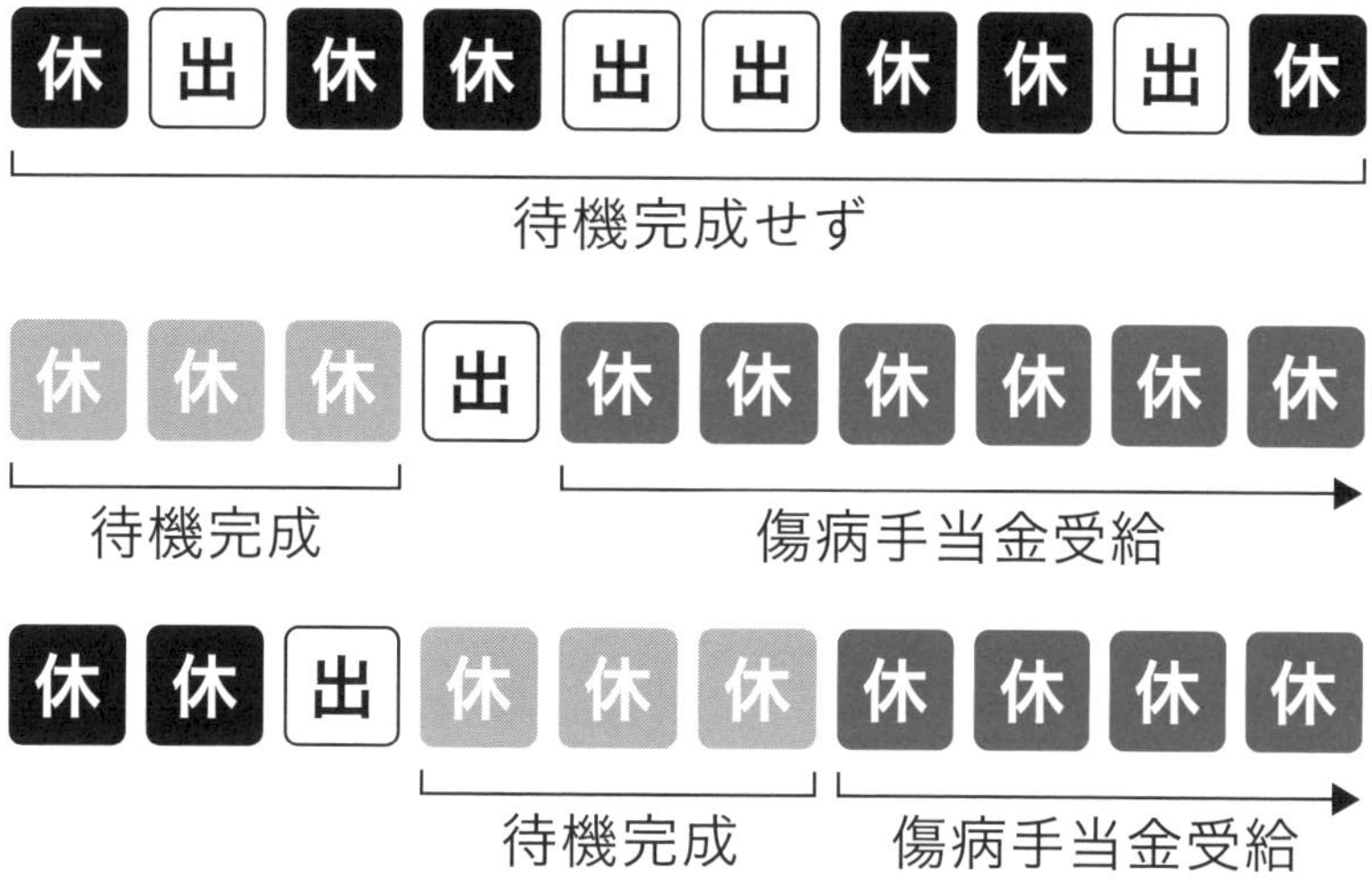

支給される期間

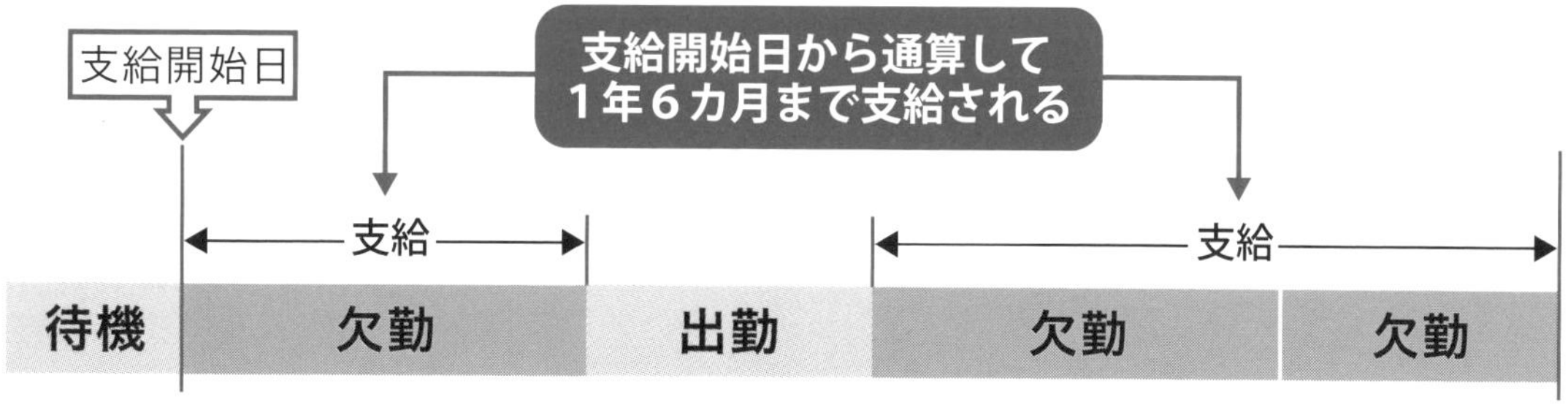

出典：全国健康保険協会 HP「病気やケガで会社を休んだとき（傷病手当金）」
URL：https://www.kyoukaikenpo.or.jp/g3/sb3040/r139/

メンタルの変動がやばすぎる!?

対策

- 「無理をしない」「つらい気持ちを誰かに話す」「睡眠と食事をしっかりとる」の三本柱が基本
- 「マタニティブルーかも？」と思ったら、すぐにかかりつけの精神科か心療内科に相談する

事例　感情のコントロールが利かない

妊娠したー！　うれしい！　と思っていたのに、夜になると毎日涙が止まらない……。理由もなく不安でパニックになってしまい、夫にあたってしまって自己嫌悪で死にたくてまた号泣。

けれども、一晩経つと途端に元気になり、拍子抜けした夫から怒られた。その瞬間、夫に対してものすごい怒りが湧いてきて、朝から怒鳴って大げんか。

夫が出社した後一人になると、なんであんなに怒ったのか全然わからない。アクセルしかないみたいに感情のコントロールが利かないのだけれど、どうしたらいいの？

原因　自分の性格ではなくホルモンのせい！

妊婦の3割が経験するというマタニティブルー。急激なホルモンバランスの変化のせいで起きる不安障害で、これといった理由もなく涙があふれる、イライラする、感情が不安定になるなどの症状が出る。

特に、妊娠前にPMS（月経前症候群）やPMDD（月経前不快症候群）の症状があった人は、マタニティブルーになりやすいといわれている。

特に発達障害があると、**PMSになりやすい**。ASDの人は過敏性が増して、普段より感覚過敏がひどくなったり感情の起伏が激しくなったりし、ADHDの人は衝動性が増してイライラや易怒性《いどせい》（怒りっぽい）がより強くなることが多い。

　そのため、発達障害があると、マタニティブルーがひどくなりやすいのだ。

解決法　発達障害の人はすぐに病院へ！

　マタニティブルーには治療法がなく、対策は、

- **無理をしない**
- **つらい気持ちを誰かに話す**
- **睡眠と食事をしっかりとる**

の三本柱が基本となる。

　マタニティブルーは一過性の不安障害のため、これで何とかしのぎながら治まるのを待つのが基本の対策だ。

　しかし、発達障害があると、もともとうつ傾向が強かったり、感情が不安定であったりすることが多く、治まるのを待っている間にうつ病へ移行してしまうこともある。

　したがって、発達障害の人は、「マタニティブルーかも？」と思ったら、**すぐにかかりつけの精神科か心療内科に相談しよう。**病院へ通っていない場合は、保健師さんや、妊婦健診で通っている産婦人科に相談しよう。

　自治体によっては、マタニティブルーの妊婦さんを対象にヘルパーや助産師を派遣しているところもあるので、母子手帳を交付してもらった窓口に相談しに行くのもよい。とにかく、発達障害の人は「抱え込まない！　すぐ相談！」が大切だ。

漢方も視野に入れて

　あまりに情緒が安定しないと気分安定薬に頼りたくなるが、精神障害の薬の中でも気分安定薬は、赤ちゃんの奇形率を高めるため、妊娠時には注意が必要だ。けれども、それでも薬を飲んだほうが母体にも胎児にも安全な場合がある。薬を飲むことも飲まないことも自己判断せず、病院で相談してみよう。

　また、マタニティブルーには漢方薬が効くことがあり、「女神散《にょしんさん》」「加味帰脾湯《かみきひとう》」「抑肝散《よくかんさん》」などがよく処方されている。ただ、漢方薬の中にも妊娠中には飲めないものがあるので、市販薬を買わずに病院で処方してもらったほうが安全だ。

職場にいつ告知する？

対策

- 先送りは禁物！ まずは一人の上司に伝えることを目標にする
- 告知のタイミングは職場の雰囲気に合わせる

事例 妊娠の報告ができなくて不安

妊娠したことを職場に言えない……。

安定期に入ったら言おうと思っていたけれど、なんだか言い出しづらくて、ずるずるともう妊娠5カ月に。

幸いつわりも軽くておなかの膨らみも少ないから誰にも気付かれず、逆に言うきっかけがない。

それに、職場には子どもがいる人が誰もいなくて、「妊娠した」と言ったら怒られそうで怖い。

妊娠の報告って、いつ、誰に、どうやって言えばいいの？

原因 コミュニケーション下手でうまく伝えられない

コミュニケーションが苦手な発達障害の人は、上司に話しかけることや、妊娠を怒られることが怖くてなかなか言い出せないことがある。また、いざ話しかけようとしても、うまく文章がまとまらず結局言い出せないこともある。

解決法 先送りは禁物！ まずは一人の上司に伝えることを目標に

言い出しにくいからといってずるずると先延ばしにすると、どんどん職場の心証が悪くなる。言いづらい気持ちは痛いほどわかるが、**開き直ってズバッと言ってしまおう**。職場側も代わりの人員の手配や引き継ぎに時間が必要になるので、早く伝えるほどデキる社会人だ。

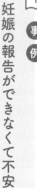

言い出しにくい場合は、「**まずは一人の上司に言う**」ことを目標にしてみよう。「産休をとったら引き継ぎもあるし、そうなると関係者にメールをしなければならないし、引き継ぎ書を作って……」とやることが山積みになってしまうと、行動を先延ばしにしてしまいがちだ。「いつか言わなくては」と思いながら先延ばしにすると、どんどんと心理的ハードルが高くなり、ますます言い出しにくくなる。

　まずは「直属の上司一人に妊娠の事実だけを伝える」というスモールステップを実践しよう。

　言うタイミングは妊娠2〜3カ月目を目安にするとよい。その後のことは考えず、まず妊娠した事実を伝え、上司にどうしたらいいのかを委ねよう。

　「いつ同僚に言うべきなのか？」「どんなやり方で伝えるべきか？（メールでよいのか？）」「自分の仕事は誰が引き継ぐのか？」など、気になることは左のように紙に書いておいて、聞けそうであれば上司に聞いてみたらいい。

　大事なのは妊娠した事実と、仕事を続けたい＝産休をとりたい、という自分の意思を伝えることだ。この2点だけを伝えることに集中し、他に気になることは事前にメモをとって、上司との面談に臨もう。

　先延ばし癖があると自覚している人は、**上司のアポイントメントを先にとってしまう**方法もありだ。アポイントメントをとることで言わざるを得ない状況を作ってしま

「上司に言うこと」メモの例

〈上司に言うこと〉

・今、妊娠5カ月目で安定期

・予定日は4月25日

・産休は3月15日からとりたい＆
　有給休暇で3月1日からお休みしたい

・産休が6月20日まで、その後は育休をとりたい

・育休は再来年の3月末までとりたい
　再来年の4月に子どもを保育園に入れる予定

・同じチームの人にはいつ言うべきか？
　→私としては引き継ぎに1カ月欲しい
　なるべく早く言ったほうが気が楽？（相談）

・私の仕事を引き継ぐのは誰？
　→私としてはプロジェクトを藤井さんに、
　ルーティンを沢口さんに頼みたい

・産休・育休の手続きはいつやるか？　誰に聞くのか？

おう。「どういう風に伝えるべきか？」「何を言うべきか？」を考える前に、最初にアポイントメントをとってしまうことで、先延ばしが防げる。

告知のタイミングは職場の雰囲気に合わせて

職場に妊娠を報告するタイミングは、昔は安定期に入った後がベストという意見が多かったが、現在では、妊娠がわかり次第すぐに報告したほうが周りのサポートも得られやすくよいという意見が増えている（ただし、安定期前に報告をすると初期流産の際に周囲に気を使わせてしまうリスクがあるので注意）。特に決まりはないので、職場の雰囲気に合わせて報告するのが無難だ。

職場に年配の人が多い、比較的職場の雰囲気が堅い（真面目）、子どものいる人が職場に少ない場合は、流産の可能性が下がる安定期に入った妊娠12週（3カ月）以降に告知しよう。

アットホームな職場や、若い人が多い、妊娠や出産に理解のある職場であれば、妊娠がわかったらすぐに伝えてしまって大丈夫だ。

どちらにしろ、どんなに遅くとも妊娠5カ月までには告知を済ませよう。

もし職場に先輩ママがいる場合は相談してみるのも手だ。もし同じような先輩がいないなら、『ママリ』というアプリで匿名で相談することもできる。自分一人で「言わなくては」「どうしよう」という気持ちを抱えたままにせず、「相談する練習」だと思って、誰かに自分の気持ちを伝えてみよう。誰かに相談することによって言語化ができるようになり、上司や他の人に伝えるときにも自分の気持ちを伝えやすくなる。

職場に産休・育休をとった人がいれば、その人にどうしたらいいか相談するのがベストだ。そうした人がいない場合は、あらかじめ前ページのようなメモを作った上で妊娠報告をするとよい。

『ママリ』なら匿名で悩みを相談できる

第2章

赤ちゃんのお世話ってどうしたらいいの？

赤ちゃんのお世話が自分にできるか不安

無事に生まれてくれてホッとしたのもつかの間、赤ちゃんのお世話は大変だ。目を離せないし、睡眠時間も減る。赤ちゃんの健康と安全を最優先にして、「母親（父親）だから」と一人で抱え込まず、頼れるものは何でも頼ろう。

育児が苦痛で毎日つらい

対策

- 育児の基準を下げる
- 愛ある手抜きをする
- 一人になれる時間を持つ

事例　私って母親失格なの？

子どもに靴を履かせてあげたら自分で履きたかったとギャン泣き。

それに対して私もカッとなって大声で怒鳴ってしまう。それを聞いてまた子どもが泣く負のスパイラル。

甲高い鳴き声も頭にキンキン響いて、そばにいることさえつらい。感情的に怒鳴っちゃダメ、もっと子どもに寄り添わないとダメとわかっているのにそれができない自分に自己嫌悪。

子どもに対してイライラするし、かわいいはずのわが子なのに、かわいいと思えないときも正直ある。

私って母親失格なんだろうか。

原因　無自覚な完璧主義が精神的ストレスに

ASD傾向の人はこだわりが強く、**「こうしたい」という思いが強くなりがち**だ。

その強い気持ちがさまざまな行動につながるので、こだわりを持つことは悪いことではないが、自分のこだわりが達成できなかったときに自分や周囲を責めてしまうほどの完璧主義に陥りやすいので注意が必要だ。

さらに発達特性がある人は情報収集能力が高く、本やウェブサイトから「子育てはこうするべし」「子育てではこうするなかれ」といった**べき論や禁止事項といった情報を多数取り入れ、実践しようとする。**

もちろん、否定すべきことではないが、あまりにも「こうしたい」というこだわりが増えすぎると、それだけ目標を達成し損ねるリスクも増える。

達成できなかったときは「またやってしまった。私はなんてダメな母親なんだろう」という自己嫌悪から、「次こそはちゃんとやらなきゃ」という心理的負担が増え、それが結果としてさらなる失敗につながり、より深い自己嫌悪を覚えるという悪循環につながる場合もある。

仮に成功したとしても「次もやらなきゃいけない」という心理が働き、できて当たり前という状態になり、ふとした拍子にミスをすると結局は自己嫌悪につながってしまう。

解決法 「自分が元気」が大原則

子育てのルールで一番大切なことは、**「自分が元気であること」**だ。

育児本や他の人の育児の話を聞くと「もっと私も頑張らないと」という気持ちになるが、自分がつらい状況なのに「子どものために」と頑張ってしまうと、自分を犠牲にしがちだ。

自己犠牲を続けていると、長い子育て生活の中で息切れしてしまう。

子どもは自分よりも大切な存在かもしれないが、だからこそ自分が元気であること、心に余裕があることを一番にしよう。

そのためには、①育児の基準を下げる、②愛ある手抜きをする、③一人になれる時間を持つ、この3つが大切だ。それぞれについて詳しく見ていこう。

育児の基準を下げる

「子育ては子どもを死なせなければ成功」という言葉がある。知らず知らずのうちに育児に対して高い基準を設けていないだろうか。基準を下回ると自己嫌悪につながるので、まずは**自分が下回らない程度に基準を低く設定し直そう。**

子育てを放棄するみたいで抵抗があるかもしれないが、まずは大原則である「自分が元気」な状態を維持することを最優先にしよう。基準を下げることは育児放棄にはならない。

基準を低くしたとしても、その基準に合わせて育児のやり方を変える必要はなく、これまで通りの育児のやり方を継続しても構わない。

ただ、基準を低くすることで、これまでは「やって当たり前」だ

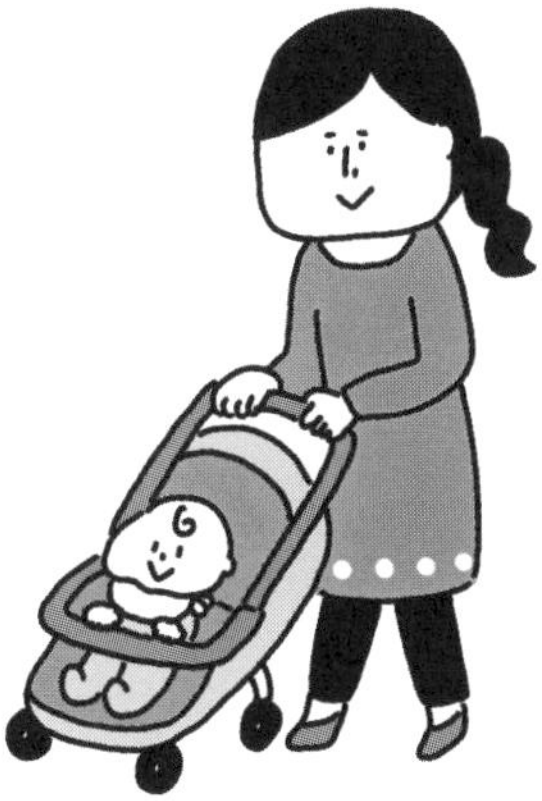

「自分が元気」を原則にしよう

ったことが、「かなり頑張っている」と認識が改まるので、自己肯定感が上がりやすくなる。

また、基準の上げ下げは自由なので、あまり重く受け止めず、「また慣れたら基準を上げればいいや」程度に、自分のメンタルブロックを外していこう。

愛のある手抜きをする

手抜き＝愛情不足だと思う人がいるが、ここでいう手抜きはその逆である。

家族との時間をもっと確保し、自分の心に余裕を持たせて家族に優しく接するために**愛のある手抜きをしよう**。

たとえば、子どもの学校のバザーで手作りグッズを提出しなければならなかったため、メルカリでハンドメイド品を購入して提出する、仕事のある日に晩ご飯を作るのは大変なので、ミールキットを利用する、などは愛ある手抜きに該当する。

育児や家事に限らず、人は常に全力疾走で生きることはできない。頑張るためには頑張らない時間が必要だ。

減らせるところは極力負担を減らすことが、自分や家族のためになる。

一人になれる時間を持つ

「母親は常に子どもと寄り添うべき」「母親に休みはない」という考え方に固執していないだろうか。

母親だって一人の人間だ。疲れもするし、イライラもするし、一人になりたいときもあるのは当然だ。

そんなときは**一人になれる時間を作ろう**。専門的な用語で、レスパイト・ケアともいう。子どもを預けられる人は預けて、その間自分の趣味に没頭するもよし、友人と遊ぶもよし。

ひとときのママ休みでリフレッシュすることで、また育児を頑張る活力が湧いてくる。

子どもを預けられない人は、短時間でもよいので自分の時間を作るようにしよう。

子どもがある程度大きいのなら、「ママは今から1時間だけ部屋にこもる」と宣言して自分を一時隔離したり、お風呂だけは自分一人の時間としてゆっくり入浴したりしてリフレッシュするなど、心から気を抜ける時間を作っていこう。

子どもがまだ小さくて目が離せないのなら、Eテレの教育番組、アマゾンプライム、YouTube Kidsなど、子ども向け番組を好きに視聴できるようにして、子どもが見ている間は同じ部屋で自分の好きな動画をイヤホンで見るなど、心理的に分離できる時間を作るとよい。

授乳が痛すぎて耐えられない！子どもの泣き声もしんどい

対策
- ケア用品でカバーする
- 耳栓やイヤーマフを活用する

事例　慣れる前に限界がきそう

母乳育児をすすめられたので頑張っているけれど、吸われるたびに激痛が走る。必死で我慢しているけれど、授乳の時間が来るのが怖くてたまらない。

それに泣き声も頭にガンガン響くので、赤ちゃんが泣いている部屋にずっといると動悸がしてくる。

周りに相談しても「そのうち慣れるから」と言われるけれど、慣れる前に限界がきそう。

原因　感覚過敏は発達障害の大きな特性

発達障害では、音に敏感・皮膚の刺激に弱いといった**感覚過敏を併発する**ことが多い。授乳の痛さや赤ちゃんの泣き声が響くことについて周りに相談すると、「私もそうだった」「つらいけれど、そのうち慣れるよ」などと言われることがあるが、決してそんなことはない。

定型発達の人にとっては我慢できるつらさであっても、感覚過敏がある人にとっては拷問のようなつらさということはよくあることだ。

我慢するのではなく、ケア用品を積極的に導入してダメージを最小限に抑えよう。

解決法　自分の過敏に気付き、防御策を身に付ける

まずは自分の過敏を自覚し、対策グッズで防御しよう。次ページの項目に当てはまるものがあれば

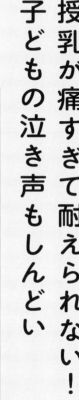

過敏かもしれない。自分の苦手な感覚を理解することで、適切な対策が立てられるようになる。

感覚過敏に我慢は禁物！ケア用品でカバーしよう

育児が始まってからでは日々のお世話に追われてしまうので、できれば出産前から準備を整えておいたほうがいい。日頃の生活から感じる自分の特性に合わせて、**ケア用品を購入しておく**ようにしよう。

授乳のときに乳首が痛い場合

我慢せずにミルクに頼るのがベストだが、母乳で育てたい、赤ちゃんがミルクを嫌がる、といったこともある。

ここでは、母乳で育てるときに使えるアイテムを紹介する。

過敏チェックリスト

【聴覚過敏】
- □ 換気扇、冷蔵庫、時計の秒針など小さな音が気になる
- □ 掃除機の音や、赤ちゃんの泣き声が頭の中で割れんばかりに響く
- □ 雑音の中での会話が難しい

【視覚過敏】
- □ 繁華街のカラフルな看板を見ると、目がチカチカする
- □ カメラのフラッシュがすごく苦手
- □ 真っ白なノートだと文字が読みにくい

【嗅覚過敏】
- □ 柔軟剤や香水など、特定のにおいが苦手で、嗅いでいると頭が痛くなったり、気分が悪くなったりする
- □ 臭いと感じると我慢できず、鼻を手で覆ってしまう
- □ においが無理で、外出先でトイレになかなか行けない

【触覚過敏】
- □ ニットのチクチクや、冬物のファーなどのモフモフや、タートルネックが苦手
- □ 握手といった人と触れ合う行為が苦手

【味覚過敏】
- □ 苦手な食べ物を間違って口に入れると、耐えられず吐き出してしまう
- □ 好き嫌いが多く、外食でメニューを選ぶのが大変

●ニップルカバー

授乳するときに、乳首にかぶせて使うシリコン製のカバー。噛まれるダメージを軽減してくれるので、感覚過敏がない人でも買っておくと便利。

ただし、赤ちゃんによっては感触を嫌がって飲まなくなることがある。また、使うたびに消毒が必要なので面倒くさい、乳首のサイズに合わないとうまく装着できない、といったデメリットもある。

●乳頭保護クリーム

赤ちゃんの口に入っても大丈夫な成分でできた、乳首ケア専用のクリーム。ピュアレーンが有名だが、いろいろなブランドから発売されている。余ったら唇やかかとのひび割れのケアなど、乾燥対策のスキンケアにも使える。

ただし、乳首にできたキズ対策には効果があるが、授乳の噛まれる痛み自体にはあまり効果がない。

母乳で育てるときに使えるアイテム

	メリット	デメリット
ニップルカバー 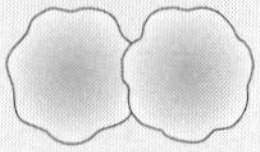	噛まれるダメージを軽減してくれる	●赤ちゃんによっては感触を嫌がって飲まなくなることがある ●使うたびに消毒が必要なので面倒 ●乳首のサイズに合わないとうまく装着できない
乳頭保護クリーム 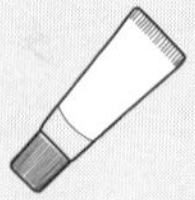	●乳首にできたキズ対策に効果がある ●赤ちゃんの口に入っても大丈夫な成分でできているので安心 ●余ったら唇やかかとのひび割れのケアなど、乾燥対策のスキンケアにも使える	乳首にできたキズ対策には効果があるが、授乳の噛まれる痛み自体にはあまり効果がない
母乳を哺乳瓶に入れて飲ませる  	●搾乳機であれば、絞る強さやペースを自分で調整できるので、我慢できる人も多い ●母乳が多く出る人であれば、余った分を冷凍して保存しておける	●搾乳機は使うたびに消毒が必要 ●赤ちゃんによっては哺乳瓶の乳首を嫌がって飲まないことがある ●自分の乳首での授乳と哺乳瓶での授乳を混ぜていると、赤ちゃんによっては乳頭混乱が起きて、自分の乳首での授乳を嫌がることがある ●搾乳機で絞りすぎると母乳が必要以上の量が出てしまうことがある

予算別おすすめの耳栓

1,000円未満

興研 耳栓 No.10 ベージュ JIS第1種型 712108

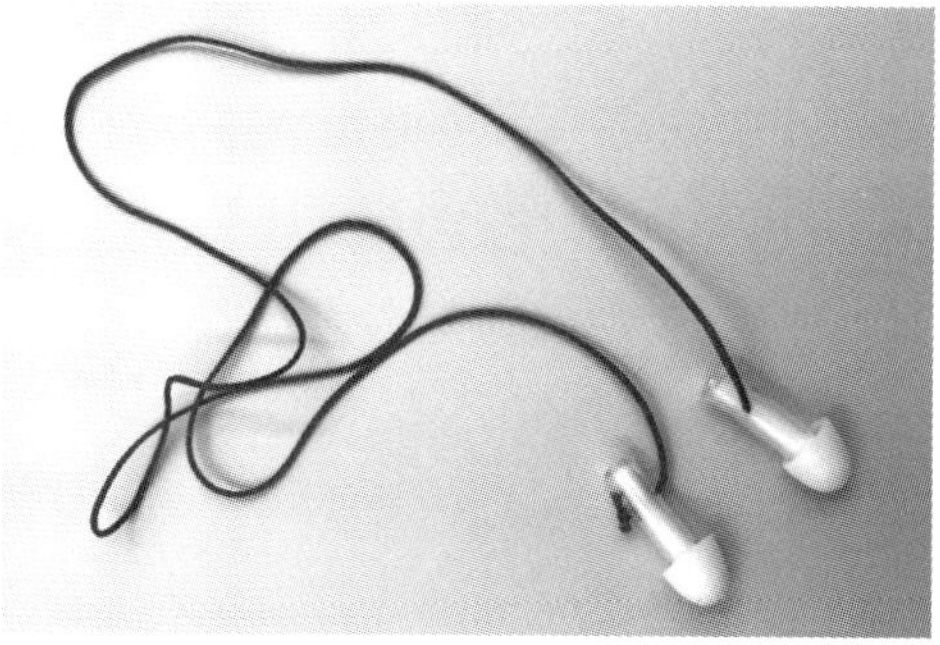

- 1,000円以内で買えるお手軽耳栓
- ひもが付いているので、子どもの誤飲防止になる

1,000～2,999円

聴覚保護具　クオリネ

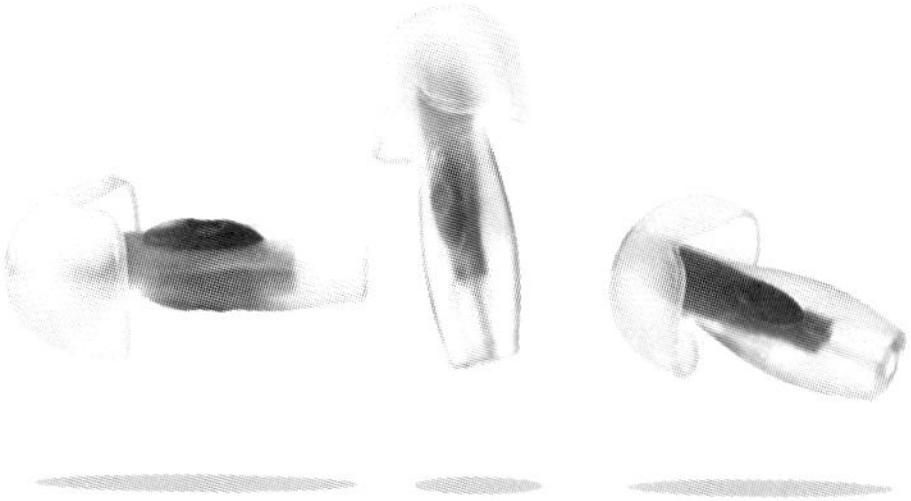

- シリコン素材の耳栓
- 遮音性能が高いのに、会話は問題なくできる優れモノ
- シリコンがなめらかで付けている感覚が薄いので、触覚過敏がある人にもおすすめ

3,000～4,999円

モダニティ　LOOP Earplugs

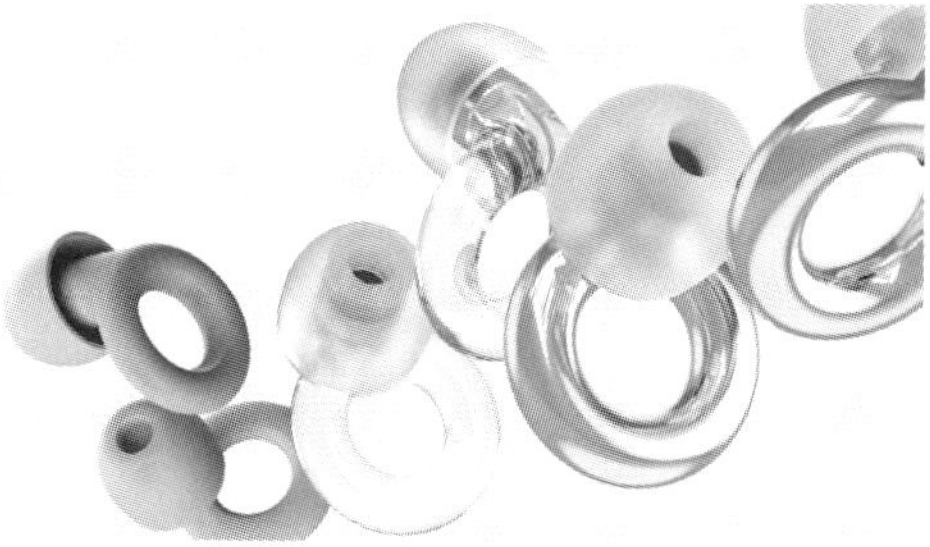

- 音楽ライブ用に開発された耳栓
- 音質はそのままでボリュームだけを下げてくれるので、耳栓をしながらも周囲の音は消したくない人にぴったり
- 電化用品ではなく耳栓なので、充電なども不要

5,000円～

キングジム　デジタル耳せん MM3000

- 騒音をカットしてくれるワイヤレスデジタル耳栓
- 一度マックスまで充電したら40時間使えるので、1日中使いたい人にもおすすめ

●母乳を哺乳瓶に入れて飲ませる

　母乳を搾乳機で絞って、それを哺乳瓶に入れて飲ませる方法もある。搾乳機であれば、絞る強さやペースを自分で調整できるので、我慢できる人も多い。また、母乳が多く出る人であれば、余った分を冷凍して保存しておける。

　搾乳機は使うたびに消毒が必要。また、赤ちゃんによっては哺乳瓶の乳首を嫌がって飲まないことがある。自分の乳首での授乳と哺乳瓶での授乳を混ぜていると、赤ちゃんによっては乳頭混乱が起きて、自分の乳首での授乳を嫌がることがある。また、搾乳機で絞りすぎると必要以上の母乳が出てしまうので注意しよう。

赤ちゃんの泣き声に耐えられない場合

　赤ちゃんの絶え間ない泣き声は、聴覚過敏には頭が割れそうにしんどい。我慢だけで乗り切れるものではないので、ぜひガジェットを試してほしい。

●耳栓

　すぐに使えて効果抜群なのが耳栓だ。100円で買えるお手軽なものからノイズキャンセリング機能付きのハイテクなものまでさまざまなものがあるので、自分の予算と欲しい効果に合わせて使おう。

　なお、ノイズキャンセリング機能は人の声や高音、不定期に出る音を消すのは苦手だ。そのため、赤ちゃんの泣き声には効果が薄いので、音を選択せずシャットダウンしてくれる耳栓のほうがおすすめだ。

●イヤーマフ

　イヤーマフは耳栓よりもさらに遮音性が高く、耳の穴に入れずに使えるため、耳の穴が過敏な人でも大丈夫。おすすめは、3M Peltor イヤーマフ X4A-GBだ。工事現場などでも使われている防音イヤーマフなので、遮音性は信頼できる。

●レンタル防音室

　防音室と聞くと敷居が高そうだが、レンタルだと意外にお手頃だ。ヤマハではレンタル防音室サービスを提供しており、0・8畳のサイズであれば月に1万4000円程度で借りられる（最短15カ月〜）。部屋の中に設置できるので、限界がきたときの一時避難所として使える。ドアには外の様子がわかるように窓もあるので、中にいてもきちんと赤ちゃんの様子を確認できるので安心だ。楽器を演奏しても外に音が漏れないプロ仕様なので、音に極端に弱い人には特におすすめだ。

　また、ASDで特に不安に弱いタイプの人は、逃げ道（防音室）があると思えるだけで体調がよくなったりする。

感覚過敏対策グッズ早見表

タイプ	グッズ	評価
聴覚過敏	耳栓	•安価で試しやすいので、自分の耳に合うものを見つけやすい •小さいので子どもの誤飲に注意
	イヤーマフ	•防音性抜群 •子どもが誤飲する心配もないので安心 •防音機能が高く泣き声に気付きにくいので、赤ちゃんが目に届く場所にいるときに使う
	レンタル防音室	•高価で場所もとるが、逃げ場所が確保できる心理的安心感がある •ASDで、不安が強いタイプにおすすめ
触覚過敏	ニップルカバー	•両胸セットで1,000円代から買える •噛まれ傷も防止できる •使うたびに消毒が必要
	乳頭保護クリーム	•赤ちゃんの口に入っても大丈夫な成分なので、安心して使える •余ったらワセリン代わりに乾燥対策のスキンケアとして使える
	授乳ワンピース	•着たまま授乳できるように、胸の部分が開いているワンピース •赤ちゃんとの接触が苦手な人は、このワンピースを着ることで接触範囲を最低限に抑えられる
嗅覚過敏	透明マスク	•赤ちゃんのにおいが苦手な人は、顔が見える透明なマスクがおすすめ •赤ちゃんは大人の口元を見て言語を理解するので、それを妨げない透明マスクがよい

とにかく一人になりたい！子どもがかわいいと思えない

対策

- アプリで自分の心を記録＆観察＆愚痴吐き
- 緊急避難として「プチ隔離」を
- 子どもの預かりサービスを活用する

事例 子どもの声に応えてばかりでもう限界！

朝、目が覚めて子どもの声が聞こえると、「今日もお世話が始まるのか」と憂鬱《ゆううつ》になる。

これから離乳食を作って、あやして、寝かしつけて、またあやして、離乳食を作って……。どこまでこの毎日を繰り返せばいいんだろうと思うと、なんだか真っ暗な気持ちになる。

子どもはかわいいけれど、その気持ち以上に憂鬱さが勝ってしまう。最近は子どもの泣き顔を見ても、かわいそうと思うよりも先にため息が出てしまう。もう、どうしたらいいんだろう。

原因 「かわいいと思えなくなった」は危険信号！

24時間続く育児は、**情報の処理が苦手・気持ちの切り替えが難しい・白黒思考で手の抜き方がわからないという発達障害の特性と、とても相性が悪い**。そのため、発達障害がある人が子育てをすると、周りから「適度に休んで」「たまにはサボってもOK」と言われても何をどうサボっていいのかさじ加減がわからず、24時間フル稼働で頑張り続け、ある日突然プツんと気持ちが切れてしまう……という状態に陥りやすい。

もし、眠れない、疲れがとれない、人に会いたくないなどの症状が続いたら、育児うつの可能性が高い。迷わず行政や頼れる人に助けを求めて、まずは自分の心の落ち着きを取り戻そう。

本節では、そんなレッドゾーン

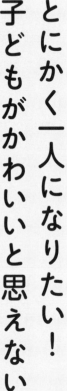

に入ったときの対処法を紹介する。なお、ここでの解決策は、親に頼れないワンオペ育児の人でも試せる方法を紹介している。もしパートナーや実家があるなら、まずはそちらに助けを求めてほしい。

解決法 自分の心を観察して、ストレスがたまっているサインを探す

レッドゾーンに入った後のギリギリの精神状態では、逃げるための準備をすることも難しい。

なので、自分の「もう無理」サインを探して、**本当の限界がくる前に一人になる時間を意識して作ろう**。そのためにも、自分の心を観察して、ストレスがたまっているサインを探そう。

以下は、育児・産後うつのチェックリストだ。

- 悲しい気持ち、憂鬱、沈んだ気分である
- 何事にも興味が湧かず、楽しくない
- 疲れやすく、元気が出ない
- 気力がなく、集中できない
- 眠いのになかなか眠れない
- 食欲が出ない
- 人に会いたくない
- 心配事が頭から離れない

これらの中で当てはまる項目が多数あり、かつその状態が2週間以上続いているのなら、産後うつの可能性が高い。自力での対処は難しいので、出産した産婦人科か、心療内科を受診しよう。

病院が遠方で行けない人は、日本助産師会が電話相談窓口を開いているので、そちらで相談してほしい。都道府県別に窓口があるので、以下のHPで自分の住んでいる地域の相談窓口を探そう。

https://www.midwife.or.jp/general/supportcenter.html

> **アプリで自分の心を記録&観察&愚痴吐き**
>
> **メンタルの状態を記録できるアプリ**を利用して、自分のストレスサインを見つけよう。

Column 赤ちゃんに吸われると、なんだかイライラする!?

赤ちゃんに乳首を吸われると、なんだかイライラしたり不快な感情や吐き気が込み上げてきたりする。それは、「不快性射乳反射」かもしれない。ホルモンの影響で起こるといわれており、生理現象の一種だ。

多くは3カ月ほどで消えるといわれているが、人によってはずっと持続することもある。筆者もかなりひどく、吸われるたびに吐き気とイライラに襲われていた。残念ながら治す方法がないので、あまり無理せずに、ひどいようであればミルク育児などを試してみよう。

自分の心を記録＆観察＆愚痴吐きするアプリ

● メンタルケアAI
SELF MIND

- AIがストレスレベルを算出してくれる
- AIとの会話やその日の感想をメモする日記機能付き
- メンタルヘルスに関する各種記事の提供

● 褒め日記＆AI褒め猫チャット

- 日記を書くのが手間な人も、「朝起きた」「歯を磨いた」など、選択式で今日のできたことを褒めてくれる。当たり前を肯定してくれるところがうれしい
- 褒め回数を記録してくれるので、日々の成長を実感できる
- AIの猫キャラとチャットできる機能もあり、褒めてくれる猫に癒やされる

● ChatGPT

- 褒められるのが苦手だったり、アプリをダウンロードしたくない人はChatGPTがおすすめ
- 思うままに感情を書き込めば、超高性能AIがまるで人間のような（人間以上の？）寄り添った返事をしてくれる
- 口調も指示することができるので、ギャルっぽくカジュアルに励ましてもらったり、逆に執事のように丁寧に寄り添ってもらったりと、カスタマイズできる
- 難点は記録できないこと

● Discord
（Decojoのサーバー）

- チャットと掲示板が合わさったようなコミュニケーションアプリ
- DecojoでもDiscordを運営しており、育児に関する悩みを相談できたり、愚痴吐き部屋で思いっきりストレス発散したりもできる

主なネットワークカメラ

● アイ・オー・データ「Qwatch」TS-NS310W

- 首振り機能を備えた有線LAN／Wi-Fiでつながる屋内用ネットワークカメラ
- 明るく鮮明な映像を、広角レンズ＆パン・チルト機能ですみずみまで確認できる
- 赤外線による暗視機能で真っ暗な室内でも映像を確認できる

● プラネックスコミュニケーションズ「スマカメ2LTE」CSQS50-LTE

- 防水・防塵仕様により屋外の設置に適したLTE／有線LAN対応ネットワークカメラ
- 高速通信回線LTEに対応しており、インターネット環境のない場所でも、アプリから映像を確認できる
- 月明かりや街路灯などわずかな光があれば、夜間でも赤外線照射なしでカラー映像が撮影できる

● パナソニック「スマ@ホーム」KX-HC600K

- 左右360度、上下約90度を見渡せる首振り機能を搭載
- 撮影位置を4カ所まで登録可能
- 外出先から自宅の温度を確認できる

● FKソリューションズ「tend Flexi Cam Cheerful」カール

- ミニオンズの大人気キャラクターがネットワークカメラに
- ミニオンズのかわいいボイス変換機能搭載
- ミニオンズのミュージック機能
- 2WAYリアルタイム通話が可能

また、つらい気持ちや愚痴を知り合いに話すことが苦手だったり、SNSに書くと個人情報が漏れたり炎上しそうで怖いなら、匿名でAI相手に気軽に愚痴れるアプリがおすすめ。

52ページに代表的なアプリを挙げたので参考にしてほしい

緊急避難には「プチ隔離」を

育児うつまではいかなくても、どうしようもなく余裕がない日もある。イライラしたり、子どもにあたってしまったりしそうなら、とにかく、**まずはいったん子どもから離れることだ。**

そして、それに罪悪感を抱いて、母親失格だなんて思わないでほしい。子どもの幸せを思って自分を隔離することは、育児放棄ではない。子どもから離れたいと思いながら笑えずに世話を続けるよりも、たとえ少し距離をとっても余裕のある状態で世話をするほうが、子どもにとっては絶対によい。

けれども、いきなり1日子どもを預けようと思っても、突然の対応は難しい。まずは、「**プチ隔離**」から試してみよう。プチ隔離は、次の手順で行おう。

①部屋にネットワークカメラとベビーゲートを設置する

自分が離れても部屋の様子がわかるように、**ネットワークカメラ**を設置しよう。スマートフォンのアプリと連携できるものを選べば、スマートフォンから常に部屋の様子を確認できる。子どもはよく動くので、部屋全体が映る360度対応カメラがおすすめ。

ネットワークカメラには、前ページに挙げたようなものがあるので、自分に合ったものを選ぼう。

また、自分がいない間にキッチン、風呂、ベランダなど危険なエリアへ行かないように、部屋に**ベビーゲート**を設置しよう。ベビーゲートは子どもがよじ登れないように、手がへりに届かない高さのものを選ぶこと。

②部屋を離れる前に安全を確保する

子どもから離れる前に、部屋の安全を確保しよう。チェックする際は、次のようなことに気を付けるようにしよう。

- オムツが濡れていないか
- おなかがすいていないか
- 部屋のエアコンはついているか
- 床にモノが落ちていないか
- 退屈しないようにおもちゃが用意してあるか・テレビがついているか
- 危ないところへ行けないようにベビーゲートは設置してあるか
- 見守りカメラの電源はついているか
- ドア、窓の鍵は閉まっているか

プチ隔離の手順

①部屋にネットワークカメラとベビーゲートを設置する

②部屋を離れる前に安全を確保する

③子どもと離れて別室へ行く

部屋を離れる前にチェックすべきこと

オムツが濡れていないか

おなかがすいていないか

部屋のエアコンはついているか

床にモノが落ちていないか

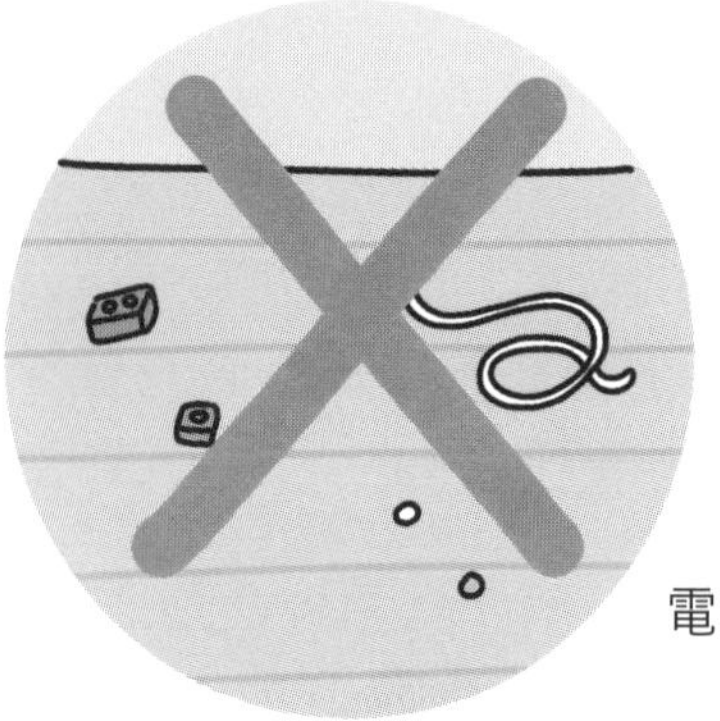

退屈しないようにおもちゃが用意してあるか・テレビがついているか

見守りカメラの電源はついているか

危ないところへ行けないようにベビーゲートは設置してあるか

ドア、窓の鍵は閉まっているか

③子どもと離れて別室へ行く

②のチェックリストがすべてクリアできたら、スマートフォンを持って別室へ行こう。家が1DKなどで別室がないなら、家のすぐ近くの道路など、何かあったらすぐに戻れる距離の屋外へ行こう。

別室に行ったらゆっくり深呼吸をして、見守りカメラを確認しながら、心が落ち着くまで一人でぼーっとして過ごそう。

心の立て直しには子どもの預かりサービス

何よりの特効薬は一人の時間を持つことだ。最低でも3時間以上子どもを預けてゆっくりするのが、心の回復には一番いい。ただ、預かりサービスには準備と事前の申請に時間がかかるものが多い。

預かりサービスを手軽度順にすると、次の通りになる。

- 民間の託児所（即日OK）
- 民間ベビーシッター（即日OK）
- 保育園の一時預かり（事前登録が必要）
- ファミリーサポートセンター（事前登録、面談が必要）
- トワイライトステイ（事前登録、面談、1カ月前までに要予約）
- ショートステイ（事前登録、面談（複数回）、1カ月前までに要予約）

民間が運営している託児所や保育園だと、空きさえあれば即日預かってくれることが多い。その分値段は高くなるが、自治体によっては補助金が出ることもある。詳しくは、住んでいる自治体の子ども福祉課や保健所に確認しよう。

また、行政が行っている預かりサービスは、自治体ごとに内容が異なるので注意が必要だ。

こうした施設が全国に増えてくれば、育児を取り巻く悩みのかなり多くが、直接的にも間接的にも解決へ向かうのではないだろうか。

Column

健康には一に睡眠、二に睡眠

育児うつの大きな原因は睡眠不足。これを完全に解決できる方法は、残念ながらない。

しかし、2024年、神奈川県の武蔵小杉に、YASUMOという施設がオープンした。ここは、保育施設と休憩スペースが併設されており、子どもを見てもらっている間、ゆっくり寝ることができる。

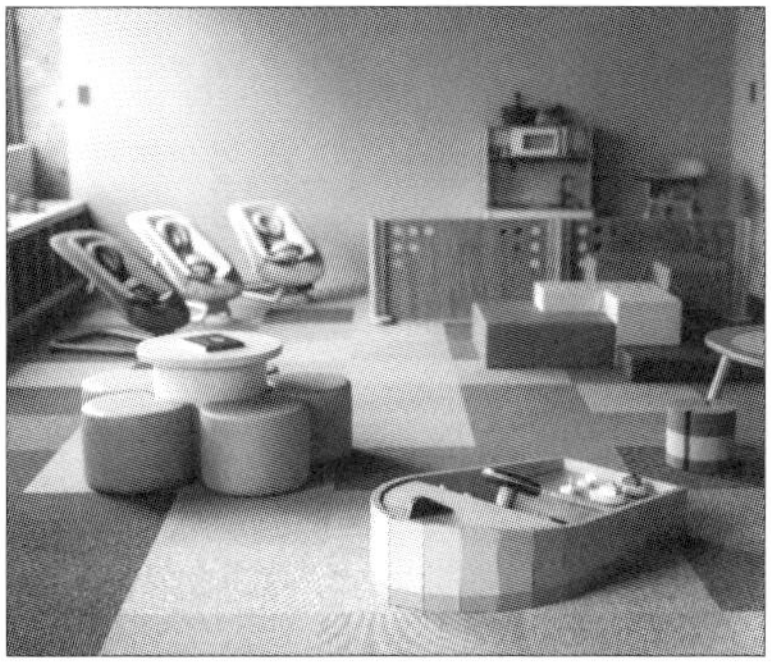

保育施設の内観

サービス名	料　金	預け先	内　容	対応可能な年齢	事前登録・予約の必要	緊急対応可能度	長時間対応可能度
保育園、認定こども園の一時保育	有料、1日2,000〜5,000円ほど	保育園、認定こども園	保育園の開園時間内の、子ども一時保育	保育園に通っていない就学前の子ども（対応可能な年齢は園によって異なる）	事前登録	○ • 事前登録が必要だが、面談や書類の用意は必要ないことが多い • 民間の保育園では事前登録が不要なこともある	○ 預けられるのは午前8時〜午後5時までであることが多いが、保育園のカリキュラムを一緒に受けられるなど、子どもにとってのメリットも大きい
託児所	有料、施設によって大きく異なる	民間が運営する託児所	• 子どもの一時預かり • 対応可能時間は施設ごとに異なる	施設ごとに異なる	施設ごとに異なる	◎ 施設によっては事前予約なしでそのまま預けられることも	○ 施設によっては夜遅くまでの預かりも可能
ベビーホテル	有料、施設によって大きく異なる	民間が運営する施設	子どもの夜間保育や宿泊保育	施設ごとに異なる	施設ごとに異なる	◎ 施設によっては事前予約なしでそのまま預けられることも	○ 施設によっては連泊も可能
ベビーシッター	有料、1時間1,000〜2,000円前後が多い	民間サービス（キッズライン、AsMamaなど）	利用者の自宅での子どもの保育	人によって異なる	事前登録制が多い	◎ 登録を行えばその日のうちに利用できることも	○ 自宅に来てもらう形ではあるが、交渉次第で期間は自由に延ばせる
乳児院	無料〜一部負担	公的機関か福祉法人が運営する乳児院	子どもの保護を目的とした保育	0〜2歳	児童相談所などの判断で、入所が必要と判断された場合に	ひとり親かつ重度のうつ状態など、養育が不可能と判断された場合に入所となる	児童相談所が必要と判断している間

子どもの預かりサービスの種類

サービス名	料　金	預け先	内　容	対応可能な年齢	事前登録・予約の必要	緊急対応可能度	長時間対応可能度
ファミリーサポートセンター	有料（低所得者対象の助成金あり）、1時間につき700～1,000円ほど（※）	市区町村が運営する相互支援事業。預ける人は同じ自治体に住んでいる一般会員の個人宅	午前7時～午後6時までの子ども一時預かり（※）	生後2カ月（※）～小学校卒業前までの子ども	事前登録 ↓ 予約 ↓ 預かる人との事前打ち合わせ ↓ 利用許諾の流れが多い	× 事前登録が必要、かつ事前に打ち合わせも必要なので緊急時には頼れない	△ • 昼間は対応可能だが、深夜預かりは実施していない • 預ける相手は個人の自宅であるため、長時間の対応はできない場合もある
ショートステイ	有料（生活保護世帯や低所得の一人親世帯は無料）、1日につき3,000～6,000円ほど	市区町村が運営する児童養護施設等	やむを得ない場合の、最長1週間までの宿泊可能な子ども一時預かり	0歳～小学校卒業前までの子ども	利用予定の前月に施設に面接日を予約 ↓ 健康状態・家庭状況などの聞き取り ↓ 利用許可が下りたら、申請期間内に必要書類を施設に提出	× 事前面談と書類の準備が必要なので、緊急時には向かない	◎ 連続で1週間まで預かってもらえる
トワイライトステイ	有料（生活保護世帯や低所得の一人親世帯は無料）、1回につき1,000～3,000円ほど	市区町村が運営する児童養護施設	やむを得ない場合の、午後6時から翌日朝8時までの子ども一時預かり（※）	生後2カ月～小学校卒業前まで（※）	事前登録 ↓ 利用予定の前月に予約 ↓ 必要書類の提出	× 事前予約が必要なので、緊急時には向かない	△ 夕方～翌日朝までのみだが、夜間に預かってもらえるのは大きなメリット（※）

※内容は自治体によって異なるので要確認

不注意で赤ちゃんにケガをさせないか心配、子どもの危ない行動を予測できない

対策

- 事前に家のハザードマップを作成
- 「熱い」「尖っている」「劇物」「小さいもの」「外に出られるところ」「水」に注意する

事例 毎日がハラハラしっぱなし

子どもがついに歩けるようになったのはうれしいけれど、ちょっと目を離した隙に事故に遭いそうで常にハラハラしっぱなし。転んでテーブルに頭をぶつけたり、コンセントの穴に指を入れようとしたり、洋服を首に巻いて遊んだり。

子どもの事故の話を聞くたびに「気を付けなきゃ」と思うけれど、具体的にどうしたらいいのだろう。すべてが危険に思えてしまう。

原因 突発的な事象に対処できない

まず、発達障害がない人にとっても、これはとても大きな悩みの種だ。子どもは大人には思いもよらない発想で動くし、大人が思う以上に多くのことができてしまう。

これに保護者の発達障害の特性が加わると、途方もない難問になる。予想外のことが起きるとパニックになるタイプの人、事前にマニュアルを作成しすべてのケースを想定しないと気が済まない人、物事の予測や想像が苦手な人にとっては特に大きなストレスになる。ASD特性が強い人は**こだわりの強さと想像力の弱さ**が、ADHD特性が強い人は**不注意と細部への意識の弱さ**が特に大きな課題になる。

解決法 事前に家のハザードマップを作成する

まずは、**家の中の危険地帯を知り、そこで起こりやすい事故を把握しよう。**

自宅のハザードマップの例

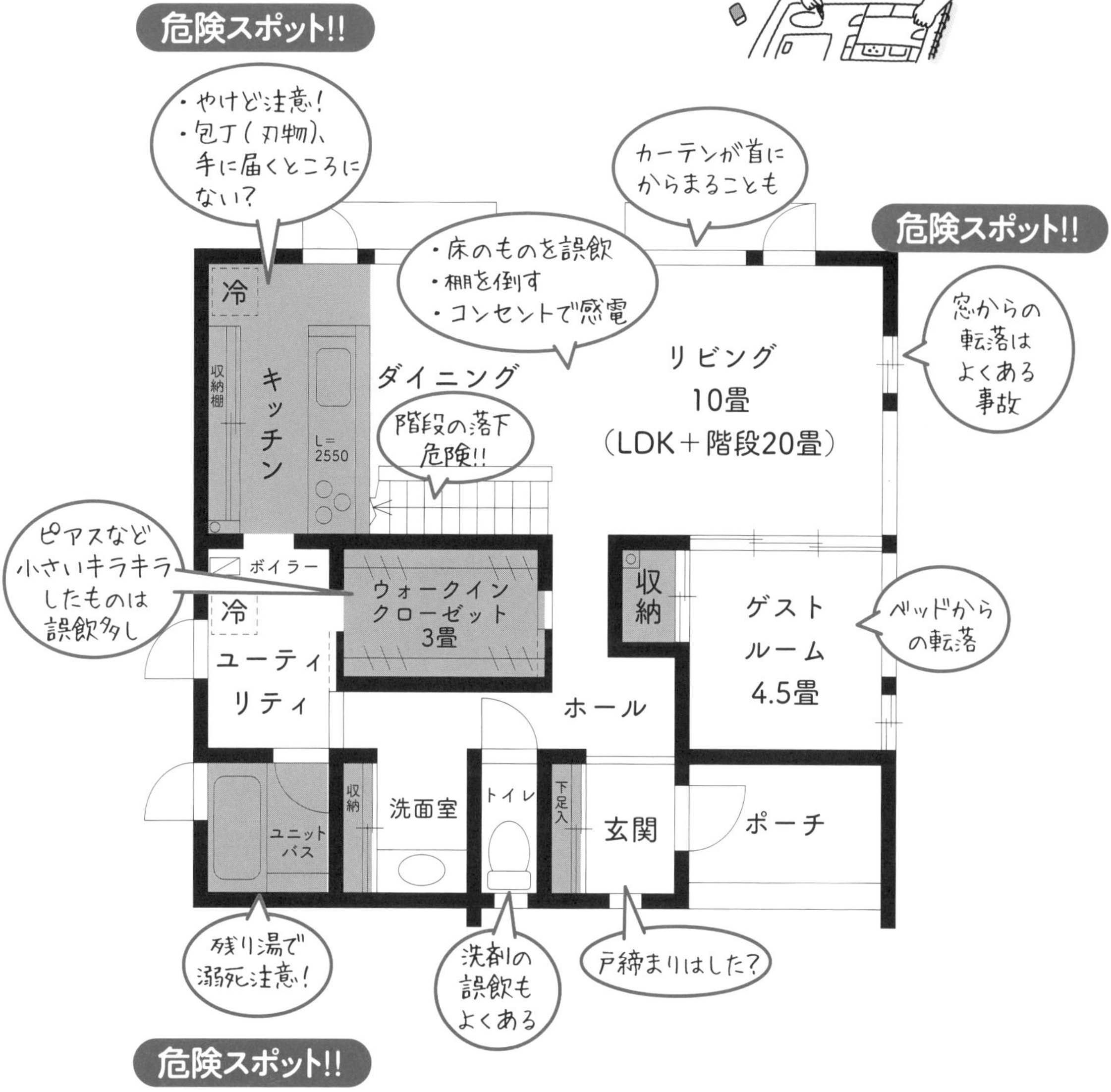
危険スポット!!
・やけど注意！
・包丁（刃物）、手に届くところにない？
カーテンが首にからまることも
危険スポット!!
・床のものを誤飲
・棚を倒す
・コンセントで感電
窓からの転落はよくある事故
冷
収納棚
キッチン
L＝2550
ダイニング
リビング
10畳
（LDK＋階段20畳）
階段の落下危険!!
ピアスなど小さいキラキラしたものは誤飲多し
ボイラー
冷
ウォークインクローゼット
3畳
ユーティリティ
収納
ゲストルーム
4.5畳
ベッドからの転落
ホール
ユニットバス
収納
洗面室
トイレ
下足入
玄関
ポーチ
残り湯で溺死注意！
洗剤の誤飲もよくある
戸締まりはした？
危険スポット!!

①キッチン

〈窒息事故〉

・食事中に食べ物がのどに詰まる

↓食べ物は1センチ四方まで小さく切ってから与える。特にミニトマト、ブドウ、あめなど丸いものはのどに詰まらせやすいので、必ず切って球以外の形にしてから与える。豆、ナッツなど硬くて丸いものは5歳以下には与えない。また、食べ物を口に入れたままお喋りしたり遊んだりさせない。子どもが泣いているときに食べさせない。

〈やけど〉

・お茶や味噌汁など熱いものがかかる

↓子どもを抱っこしたまま熱いものを持たない。熱いものはテーブルの中央に置く。テーブルクロスなどは使わない。

・やかん、炊飯器の蒸気があたる、ケトルなどのコードを引っ張って倒す、熱い鍋などに触る

↓調理中は子どもがキッチンに入ってこないようにする。コードは子どもの手の届かないところにまとめ、絶対に床にはわせない。やかんや炊飯器など蒸気が出るものを使う間は子どもが近寄らないようにする。

②寝室

〈窒息事故〉

・顔が柔らかい布団やマットレスに埋もれる

↓掛け布とマットレスは子ども用の軽いものを使い、大人用の布団で寝かせない。周りにぬいぐるみを置かない。

・子どもが寝ているときに顔の上にタオルや洋服がかかる

↓子どもが寝ている周囲には洋服やタオルを出しっ放しにしない。ベッドや布団の上に洗濯物を干さない。

・ベッドと壁の隙間にはさまれる、添い寝していた親の体の下敷きになる

↓寝返りを打ったときに起きるので、ベビーベッドか壁から離れて敷いた布団に寝かせる。大人用ベッドに取り付ける乳児用のガードは、生後18カ月未満の乳幼児には絶対に使わない。添い寝した大人につぶされる事故があるので、できる限り一人でベビーベッドに寝かせる。

・ミルクの吐き戻し

↓授乳した後は、げっぷをさせてから寝かせる。

〈転落事故〉

・オムツ替えや睡眠時にベッドから転落する

↓寝返りを打つ前でも、もぞもぞと手足を動かしたはずみで転落することがある。大人用ベッドに寝かさず、ベビーベッドは必ず転落防止の柵を使用する。オムツ替えの最中、おしりふきを

とろうと目を離した数秒で転落することもあるので、高いところに寝かせているときは絶対に目を離さない。

③リビング

〈窒息事故〉

- カーテンのひもが首にからまる

→子どもの踏み台になりそうなもの（ソファや机）を近くに置かない。ひもがないものに代える。

- 包装フィルム、シールなどを飲み込む

→子どもの手の届かない高さに収納する。包装フィルムが付いているもの（ペットボトルやお菓子など）は子どもの手の届くところに置かない。

- おもちゃなどを飲み込む

→子どもの口より小さなものは手の届くところに置かない。おもちゃで対象年齢に満たないものは部品を誤飲する恐れがあるので与えない。

〈誤飲事故〉

- 化粧品、洗剤、薬、タバコ、お酒、電池、磁石などを飲み込む

→棚の中など、子どもの目の届かない場所に保管する。パッケージがきれいなものが多いので、手の届かないところに置いても子どもから見えていると無理にとろうとして転落事故につながる。

〈やけど〉

- 暖房器具や加湿器でやけどをする

→ホットカーペットや湯たんぽは低温やけどを起こさないよう、長時間使用しない。加湿器は倒れても熱湯がこぼれないタイプを選び、子どもの手の届かない場所に設置する。暖房器具は子どもが近寄らないよう、ベビーサークルを設置する。

- アイロンやヘアアイロンに触る

→使うときは子どもが近寄らないよう、ベビーサークルなどを設置する。使用後、完全に冷えるまでは手元から離さない。使っている最中に他のことをしない。

④お風呂

〈溺れる〉

- 入浴時に溺れる

→親が頭や顔を洗うときなど、子どもを見られないときは必ず浴槽から出す。お風呂からは必ず子どもを先に出す。

- 昼間に浴槽に転落する

→お風呂から上がったら必ず水を抜いておく。

- 水がたまったバケツや洗面器で溺れる

→バケツや洗面器に水をためない。

- 洗濯機の中に誤って入る

→洗濯機のふたは使わないときは必ず閉める。ふたにはチャイルドロックをかけておく。

⑤ベランダ、階段

〈転落事故〉

・階段から転落する

↓ベビーゲートなどを設置し、階段へ行けないようにする。ずりばい（うつぶせでおなかを床につけたまま、はって進む動作。意外と速く、遠くまで行く）が始まったらすぐに設置したほうがいい。

・ベランダから転落する

↓子どもがベランダに出られないよう、常に鍵をかけ、鍵には開けられないようガードを付ける。ベランダには踏み台になるようなモノを置かない。

・窓から転落する

↓窓に補助錠やストッパーを付けて、大きく開かないようにする。窓の近くにベッドやソファなど踏み台になるものは置かない。

⑥外

・抱っこひもから落下する

↓子どもの上げ下ろしは必ず自分の膝より低い位置で行う。バックルは面倒くさがらずにすべて締める。しゃがむときは必ず子どもを手で支える。

・ベビーカーから落下する

↓バックルは必ず締める。重いものをかけるとバランスを崩し転倒しやすいので、重いものをベビーカーにかけない。

これらに加えて、発達障害の特性があると次のような事故も起こりやすいので注意しよう。

・抱っこしながら歩いたときに、子どもの手足を棚やテーブルにぶつけてしまう

↓子どもを抱っこしながら他のことを同時並行しない。歩くときは、よそ見せずに子どもを見ながら歩く。

・抱っこしながら熱い飲み物などを飲み、誤って子どもにかけてしまう

↓子どもを抱っこしているときは、絶対に熱いものを持たないようにする。

・子どもの手足を車のドアなどにはさむ

↓子どもが車から離れたことを確認してからドアを閉める。

・包丁やライターなど危ないものを出しっ放しにしてしまう

↓一時的にものを置くときは、子どもの手の届かないところに置くことを習慣付ける（出しっ放し癖は治らないと考えて、置いても安全なところに出しっ放しにする）。

・アイロンなど危ないものを扱っている最中に他の作業を行い、そのまま忘れてしまう

↓アイロン掛け・（ドライバーを使用する）家具の組み立て・裁縫など、熱や刃物を使用する家事は絶対に子どもがいないときにする。

子どもの事故を防ぐために注意すべきこと

熱いもの

尖っているもの

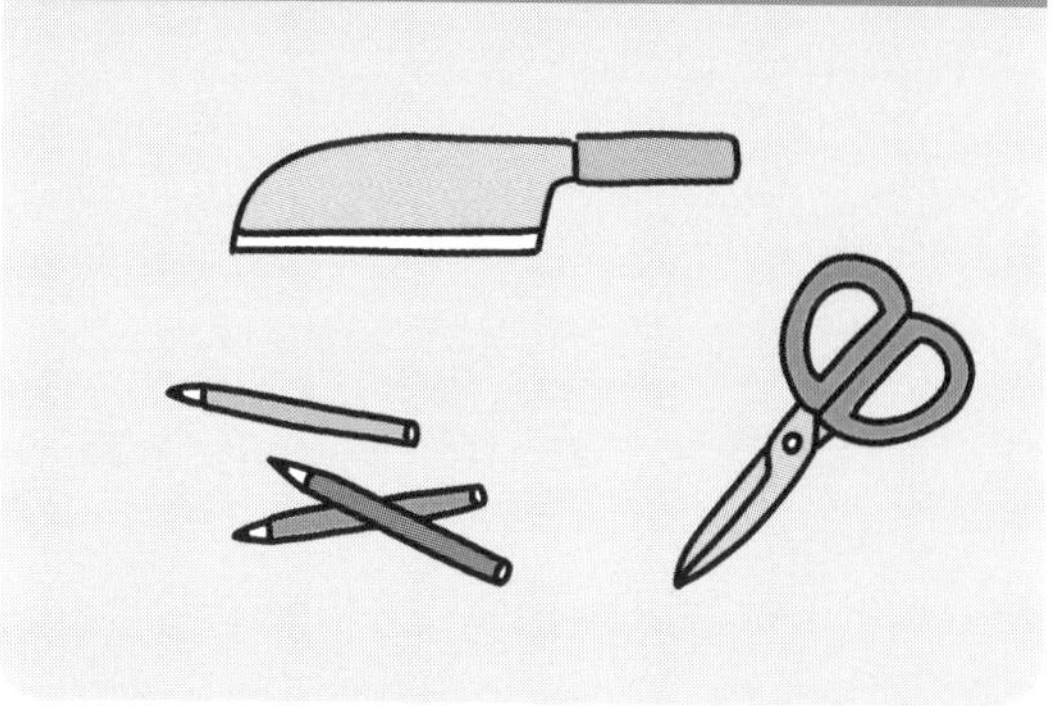

劇物

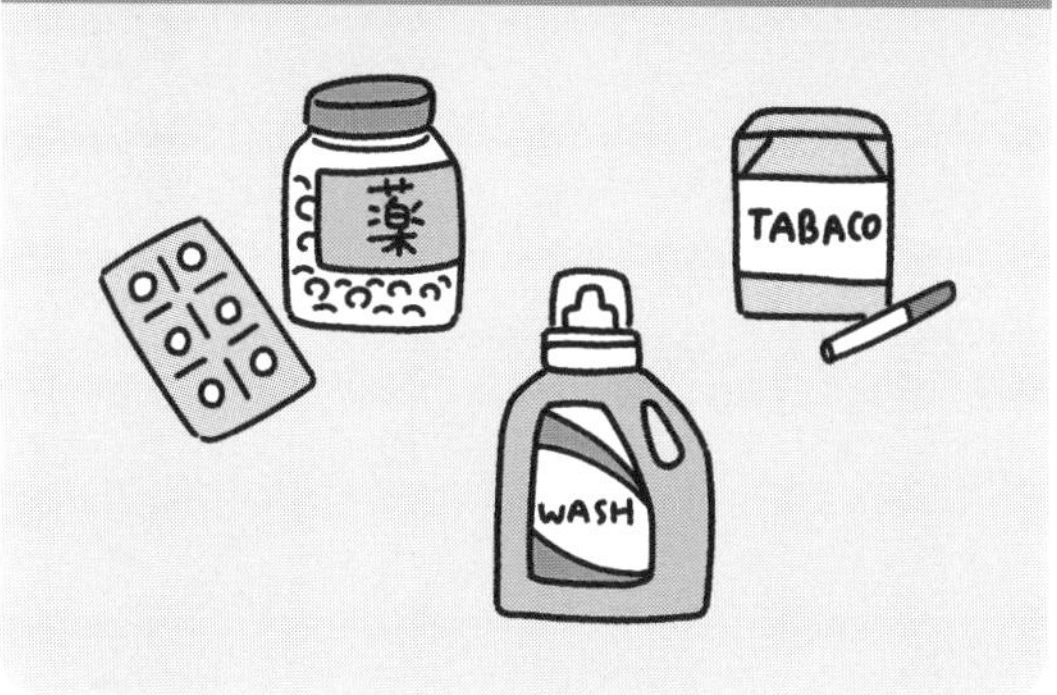

小さいもの

外に出られるところ

水

赤ちゃんがなんで泣いているのかわからない！

対策

フローチャートで解決！

事例 お世話って何をしたらいいの？

あっ、また爪が伸びている。この前切ったばかりだと思ったのに……。

ミルクとオムツは泣くたびにチェックするけれど、耳垢の掃除とか爪切りみたいに毎日やらないことはつい忘れちゃう。それに最近よく泣いて、ミルクをあげてもオムツを替えても泣きやまなくて、もしかしたら何かやらなきゃいけないことがあるのに、私が忘れているのかな。泣く理由が全然わからないよ……。

原因 言外の意図を察することや感情を読み取ることが苦手

育児中は睡眠不足やお世話疲れで物忘れが増えるもの。加えて、赤ちゃんのケアは不規則に発生するので、時間ごとのルーティンワークにしようとしても難しい。

育児本には、「赤ちゃんが泣くのは察してほしいから」と書いてあることが多いが、ASD傾向の強い人は**言外の意図を察することや感情を読み取ること**が苦手なため、赤ちゃんの要望をうまく汲み取れないことがある。

解決法 フローチャートで泣く原因を取り除く

まだ育児に慣れないうちは、**フローチャートで泣く原因を取り除く**ようにしよう。

次の流れで泣く原因がどこにあるかチェックしてみよう。

①オムツが不快

まずはオムツをチェック。汚れていたら新しいものに交換を。汚れていなくても、テープの締め付けが苦しい・肌にテープが触れて不快なこともある。

②おなかがすいている

激しく泣くのとグズグズするのを繰り返すときは、おなかがすいているのかもしれない。そんなときは、まずはミルクをあげてみよう。なお、逆に飲みすぎて苦しくて泣いている場合もある。前回の授乳でしっかり飲んでおり、かつ2時間経っていない場合は、この項目は飛ばしてよい。

③身体のどこかが痛い・不快

身体のどこかが気持ち悪かったり痛かったりするのかもしれない。次の中で当てはまるものがないかチェックしよう。

□部屋の温度が寒すぎる、もしくは暑すぎる（室温20～25度、湿度50～60％が適切）
□服を着せすぎ（赤ちゃんは体温が高いので、大人より1枚服が少ないのが快適）
□エアコンやストーブ・扇風機の風が直接赤ちゃんにあたっている
□げっぷが出ていない
□身体に湿疹や赤み、かさつきがある（※）
□爪が伸びて食い込んだり、髪の毛が指に巻き付いたりしている
□鼻水・咳・くしゃみ・鼻づまりがある（※）
□おなかがいつもより張っている・明らかに硬い（※）

いずれかにチェックが付いたら、改善しよう。なお、※の項目にチェックが付いた場合は小児科へ相談しよう。

④眠い、もしくは抱っこしてほしい

①～③をチェックしても泣き止まない場合は、眠いか抱っこしてほしいのかもしれない。しばらく抱っこしてみよう。

泣いたり泣きやんだりを繰り返すときは……

突然激しく泣いたらと思ったら、5～10分ほどしたらピタッと泣きやみ、また少ししたら泣き出す場合、腸重積症《ちょうじゅうせきしょう》の可能性がある。それに加えて、元気がない・ぐったりしている・ミルクを飲まない・ミルクを吐く・うんちが出ないなどの症状があるときは、すぐに救急へ連絡しよう。

そもそも、原因がない泣きもある

衝撃的な事実だが、赤ちゃんは

赤ちゃんが泣く原因のチェックフロー

①オムツをチェック

②おなかがすいていないか

③身体のどこかが痛い・
不快でないか

泣く原因がないのになんとなく泣いていることもある。

フローチャートをクリアしても泣いているのなら、なんとなく泣きたい気分なのかもしれない。そうしたときは、あまり心配せずに付き合ってあげよう。

日々のお世話はチェックリストで

赤ちゃんのお世話は意外にやることが多い。ルーティンワーク化しようとすると抜けがちなので、次ページのリストで抜け漏れがないかチェックしよう。

Column

腸重積症とは？

小腸が大腸へ入り込む病気で、生後３カ月から２歳まで見られる。特に１歳代に発症しやすい。元気なのとぐったりして泣くのを繰り返すため、気分で泣いているのかと勘違いしやすい。放置すると命に関わるので、早急な受診が必要。

赤ちゃんの身体の状況を見る際のチェックリスト

- □ 部屋の温度が寒すぎる、もしくは暑すぎる（室温20〜25度、湿度50〜60%が適切）
- □ 服を着せすぎ（赤ちゃんは体温が高いので、大人より１枚服が少ないのが快適）
- □ エアコンやストーブ・扇風機の風が直接赤ちゃんにあたっている
- □ げっぷが出ていない
- □ 身体に湿疹や赤み、かさつきがある（※）
- □ 爪が伸びて食い込んだり、髪の毛が指に巻き付いたりしている
- □ 鼻水・咳・くしゃみ・鼻づまりがある（※）
- □ おなかがいつもより張っている・明らかに硬い（※）

※の項目にチェックが付いたら小児科へ相談を

赤ちゃんのお世話チェックリスト

基本

入浴
（1日1回）

着替え
（1日数回、汗をかいたり汚れたりしたとき）

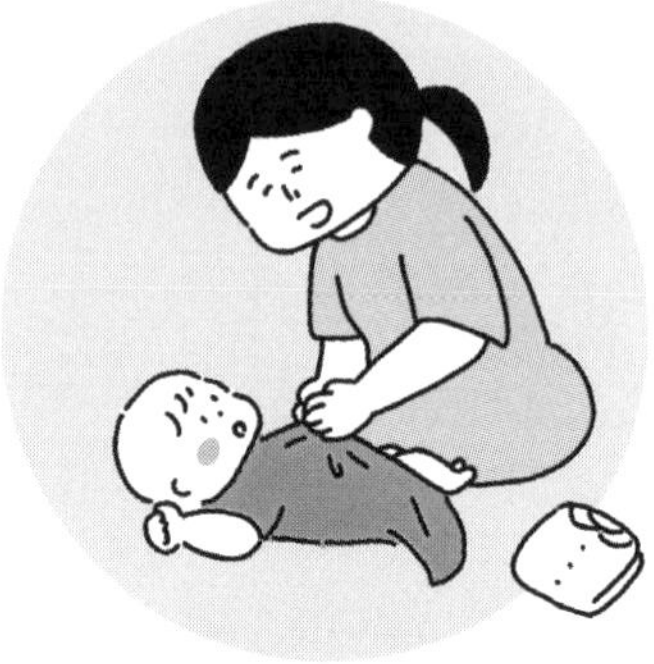

爪切り
（2〜3日に1回）

保湿剤を塗る
（1日1回、沐浴後がおすすめ）

体重測定
（月に1〜2回、気が付いたときに）

耳・鼻・おへそ掃除
（2〜3日に1回）

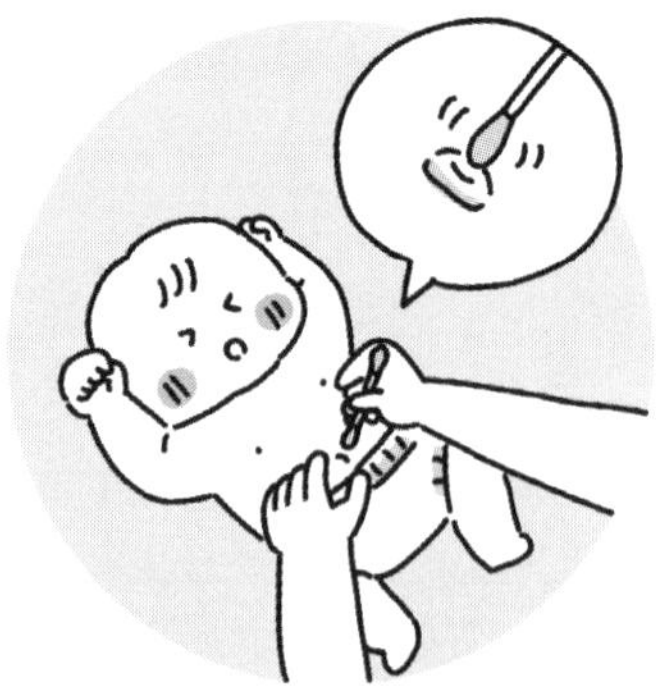

生後1カ月から

日焼け止めを塗る
（外出時）

外気浴をする
（晴れた日に、1日10分ほど）

生後6カ月から

離乳食をあげる
（1日1〜2回）

歯みがきをする
（1日数回、気が付いたときに）

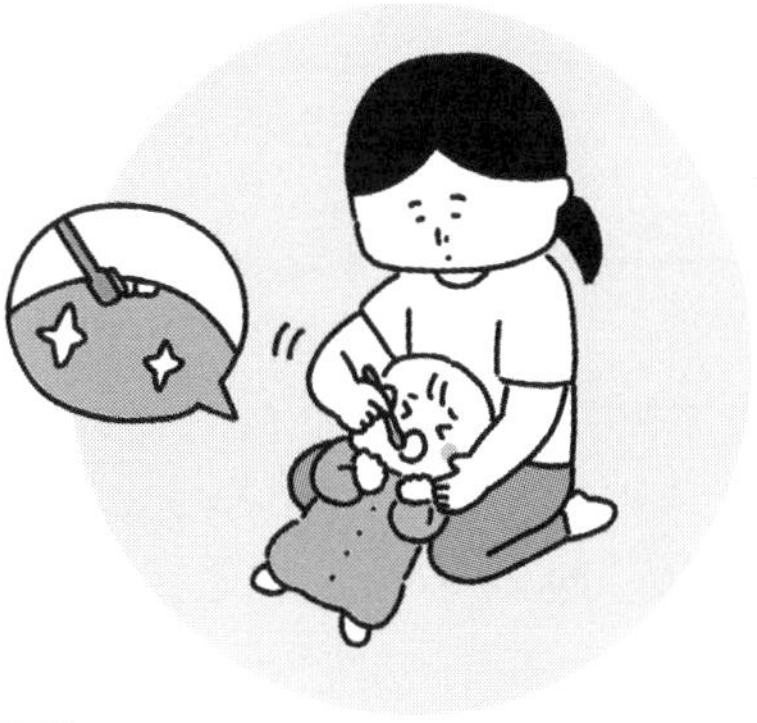

1歳頃から

髪を切る

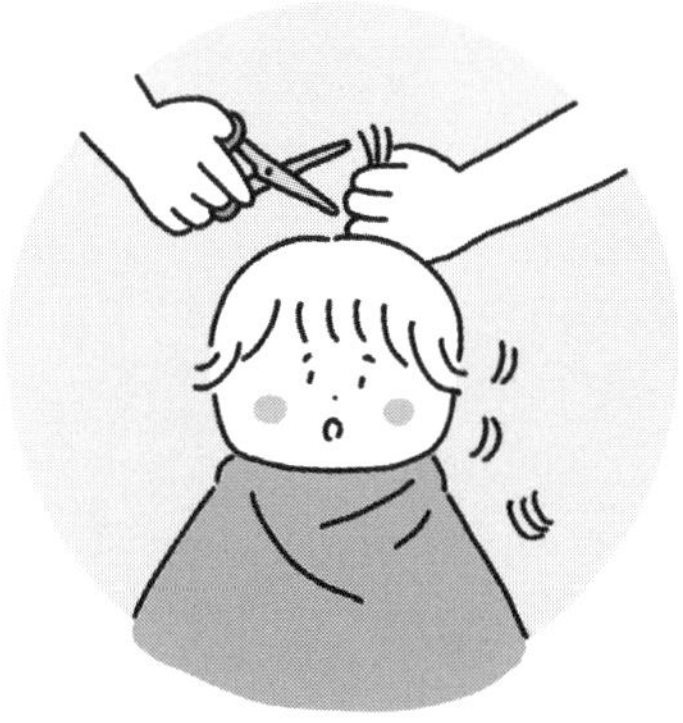

外出時に何が必要かわからない

対策

- チェックリストで「あっ、ない！」を防止する
- 準備にはアラームをかけて早めに知らせて余裕を持たせる

事例 あれもこれも持っていかないといけないの？

生後4カ月、いよいよ少し遠くへお出掛け。4時間ぐらいで帰る予定だけれど、何を持っていけばいいのだろう。

一応ミルクとオムツは多めに用意したけれど、何が起きるかわからなくて不安……。

ネットで調べると、持っていったほうがいいものがどんどん出てくる。でも、全部カバンに入れるとバッグが重すぎて動けないし、何が必要で何がいらないのだろう。絶対に必要なものだけ教えてほしい！

原因 あらかじめトラブルを想定して準備するのが苦手

赤ちゃんとのお出掛けは予想外の出来事の連続だ。ADHD傾向の強い人は、**荷物の抜け漏れが起きやすく**、ASD傾向の強い人は、**何が起きるかわからない不安感がストレスになりがち**。

また、発達障害を持つ人は**出来事の予測が難しい**傾向があるので、あらかじめトラブルを想定して準備するのが苦手なことも不安に拍車を掛ける。

解決法 外出前にはチェックリストで持ち物を確かめよう

すぐに家に戻れないところへお出掛けをするときには、必ず持ち物を確認しよう。

毎回準備すると大変だし抜けが多くなりがちなので、お出掛け用のバッグを1つ用意して、その中に入れっぱなしにしておくのがよい。

お出掛け用のバッグには次ページのリストを活用して不足しているものがないかきちんと確認しよう。

準備にはアラームで早めに知らせて余裕を

産まれる前の感覚のままにお出掛けの準備をすると間に合わないので注意が必要だ。ママが荷物の準備をしている間も、赤ちゃんは遠慮することなくお世話を要求してくる。

遅くとも出発時刻の1時間前には準備を始めるようにしよう。あらかじめ、**出発時刻の1時間前にアラームが鳴るようにしておく**と忘れずに済む。

スマートフォンの**リマインダーアプリ**は忘却力が高い人にとって最高のアイテムである。ただし、リマインダーアプリに入れ忘れることと、リマインダーを無視してしまうことには注意しよう。

筆者はLINEのリマインダーを使っている。リマインダーのトーク画面にメモを入れて送信して時間を指定すると、その時間にLINEメッセージとしてリマインドが届く。

この方法は通常のLINEを使うやり方とほとんど変わらないため簡単であり、見落としにくい。

取りあえずウェアラブルメモに書いて、ウェアラブルメモを消すときにリマインダーに入れる合わせ技も有効だ。

Column

子どもがいると移動時間はGoogle Mapの表示の3倍！

Google Mapなどで表示される「徒歩○分」。これは、大人が軽い荷物で何のトラブルもなく歩いたときの時間だ。

子どもがいると、この通りにはいかない。幼稚園児の歩行速度は時速1～2kmで、同じ距離を歩くのに大人の3倍の時間がかかる。しかも、途中でぐずったり、目移りしたりと歩いてさえくれないこともある。

まだ歩けない赤ちゃん時代でも、ベビーカーが段差や階段で進路を阻まれ、かなりの遠回りになることもある。徒歩で移動する場合、表示される所要時間の3倍はかかると思っておこう。

外出時リスト

保険証

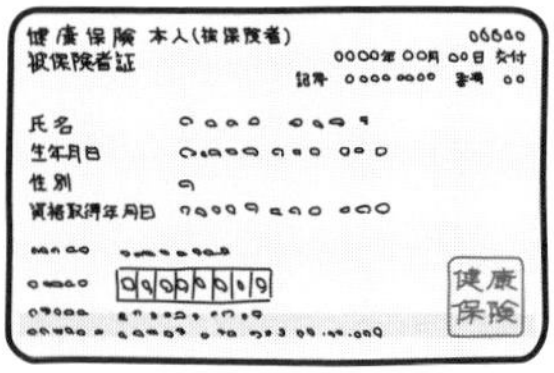

母子手帳

医療証

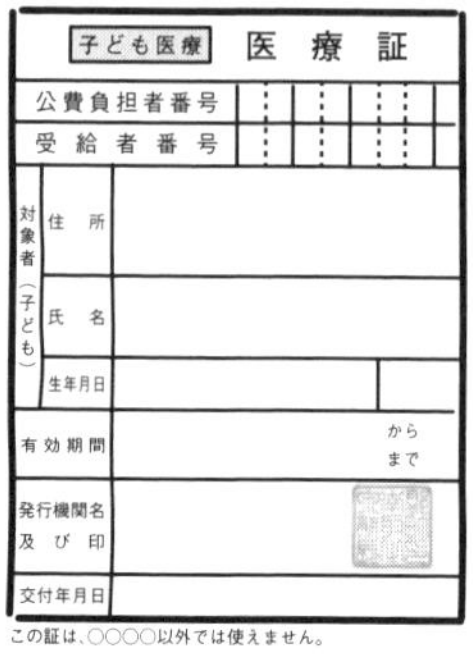

ミルクの人

哺乳瓶

ミルク

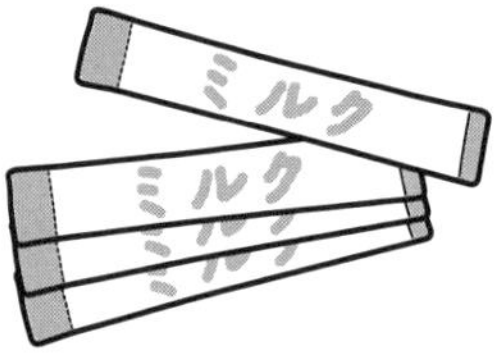

お湯
（保温できる水筒に入れる）

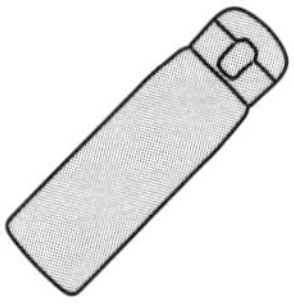

母乳の人

授乳ケープ

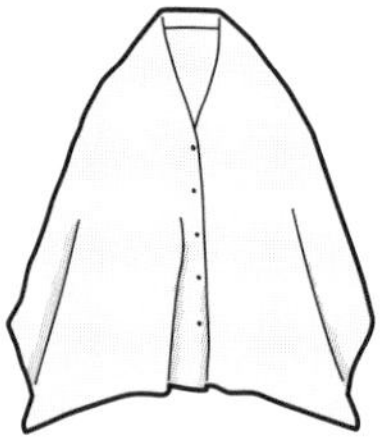

母乳パッド

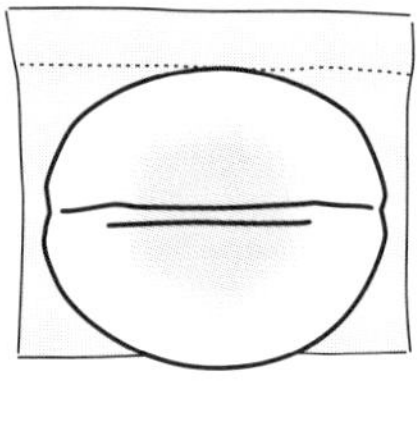

生後6カ月以降

離乳食

食事用エプロン

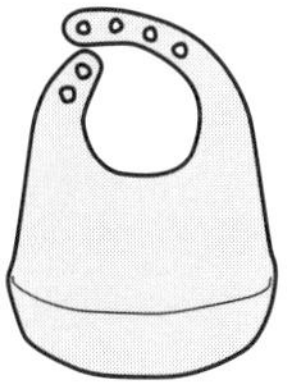

オムツ

おしりふき

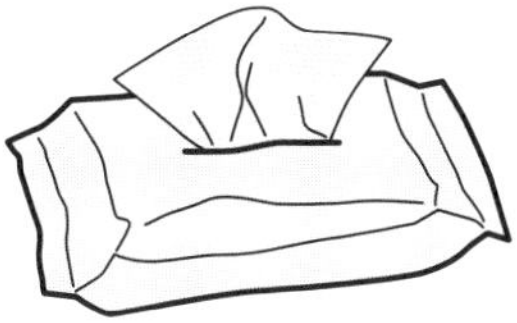

汚れたオムツを入れるビニール袋

着替え

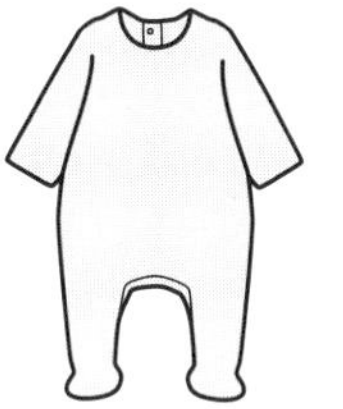

替えのよだれかけ

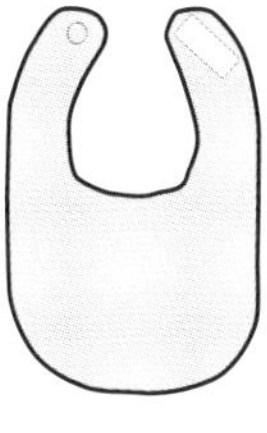

ガーゼハンカチ

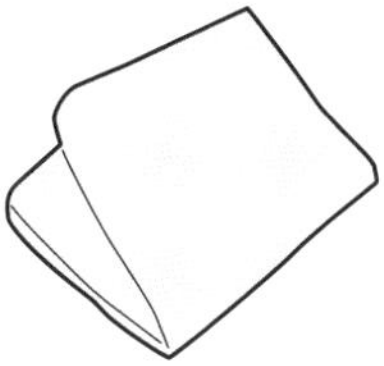

抱っこひも

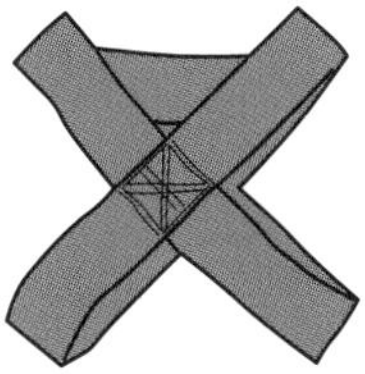

日焼け止め、虫よけスプレー（新生児用）

上着（秋冬）

子どもが喋りっぱなしで一緒にどう遊んでいいかわからずしんどい

対策

○乳児時代は身体をおもちゃに＆幼児になったら見守り体勢で

○「お喋りタイム」を設定しよう

事例 何をして遊べばいいの？

子どもと遊ぶのって苦手……。赤ちゃんの頃は何をしたらいいかわからなくて、ひたすらラトルを振ったりメリーを回したりしてた。

街に出ると赤ちゃんに話しかけているお母さんを見るけれど、何を話したらいいかわからないし、赤ちゃん言葉も苦手で全然できなかった。

今はもう自分で喋るようになったけれど、今度は1日中話しかけられて大変。「後で」と言っても全然聞かないし、家事の最中もお構いなしだし、無視したいと思うことも……。どうしたらいいの？

原因 子どもの声は聴覚過敏にしんどい＆マルチタスクが苦手だと「聞きながら」が難しい

子どもの声はキーが高く響くので、**聴覚過敏**がある人にはかなりの大敵だ。人によっては「耳元で黒板を引っかかれるみたい」「工事現場の騒音よりひどい」と感じることもある。

また、**マルチタスクが苦手**な傾向があると、子どもの話に返事をしながら他の作業を進める「ながら聞き」も難しいため、子どもの話に付き合っていると何もできなくなってしまう。

ASD傾向の強い人には、遊びに付き合うことが難しいといった悩みがあることもある。子どもの遊びはルールが不明瞭であり、好きな遊びが日々変化し、子どもの様子から求めるリアクションを想像することも苦手なため、遊び自体に苦手意識を持ちやすくなる。

解決法

基本は見ているだけでOK！授業参観のつもりで

親が遊びの準備や相手をしなければと思いがちだが、意外と子どもは一人でも楽しく遊べる。

親が近くにいないと泣いてしまったり、話しかけたりしてくるのは、親に自分の遊びを見守ってほしいからだ。なので、子どもの遊びを横で見学する、**「授業参観」スタンス**でも全然OK。

顔を見てきたら笑いかけたり、話しかけてきたら「そうなんだ」「へえ〜」など相槌を打つだけでも子どもは満足してくれる。

乳児時代は身体をおもちゃに＆幼児になったら見守り体勢で

まだ自分で動けない乳児の遊びは、拍手して見せたり、赤ちゃんの足の裏をくすぐってみたりと**身体を使う遊び**がおすすめだ。大人から見ると何も面白くなくても、赤ちゃんからすると手から音が出たり足の裏がくすぐったいだけで十分面白い。

自分で歩けるようになったら、興味のあるものに自分から近づいていくので、危ないものに触らないかだけ気を付けながら、一人で遊ぶのを見守るだけで構わない。

最終手段・耳栓！ ひも付き＆ノイズキャンセリングがおすすめ

お喋りが止まらなくて疲れる、我慢できないときは、**耳栓を使ってしまおう**。子どもの声に耳栓を使うのは心理的に抵抗があるかもしれないが、最近は騒音をカットして人の声は適切な音量で届けてくれるものが売られている。

ノイズキャンセリング付きのデジタル耳栓は音楽ライブでもよく使われていて、大きすぎる音をちょうどいい音量に調節してくれる。ただし、子どもが間違って飲み込みやすいサイズなので、ひも付きのタイプにしたほうが安心だ。

「お喋りタイム」を設定しよう

1日に30分、決まった時間に**「お喋りタイム」**を設定してみよう。ずっと話しかけてくる子どもは話したいのではなく親に構ってほしい場合があるので、30分ママを独り占めできる時間があるだけで満足してくれることもある。子どもは時間感覚が未熟なので、時計やタイマーをセットして30分を目で見えるようにしておこう。時間になったら「また明日お喋りしようね」と切り上げてOKだ。

「後で」と言うときには**目を見**

赤ちゃんとの上手な遊び方

授業参観スタイルで

すごいねー
みて！

身体を使う遊び

パッチン パッチン

お喋りが止まらないときは
耳栓を使ってもOK

お喋りタイムを設ける

おしゃべり
スタート！
30分

て真正面から話すようにしよう。

ＡＳＤの人の中には相手の目を見ない人も多いが、子どもに何かを伝えるときはしっかり目を見て話そう。それだけで、子どもは「相手をしてくれた」と感じて満足しやすくなる。

「今はダメ」は絵カードでわかりやすく

どうしても手が離せないときのために、「今は話せません」カードを作っておこう。厚紙に口に手を当てる絵や、口にバッテンを書いた絵を描いて、子どものお喋りに付き合えないときに見せてみよう。声だけで「ダメ」と言われるよりも、絵で示されたほうが意図が伝わりやすい。

この絵カードはいろいろなシーンで使えるので、シチュエーションごとに作っておくと便利だ。

「絵カード」の例

はしらない
さわらないで
シーー！
しずかに
おうちにかえろう
おそとへいこう

子どもの発達特性との向き合い方がわからない

対策

- 特性のぶつかり合いはパターン別に解消する
- 発達育児の悩み解決は早期療育がキー
- 子ども時代の自分のことを思い出してみる

事例 私も子どもも発達特性があるかも……

うちの子、ちょっと他の子と違うかも。赤ちゃんのときから全然目を合わせてくれないし、抱っこもものすごく嫌がる。もうすぐ2歳になるのに全然言葉を覚えない。

心配になって家族に相談したら、「母親の愛情不足じゃないの?」と言われてしまった。毎日の世話で精いっぱいなのに、これ以上何をしたらいいんだろう。

原因 親子の特性がぶつかり合う

自分も子どもも発達特性を持っていると、**その特性同士がぶつかり合う**ことがある。

特性同士のぶつかり合いは、大きく、①お互いのこだわりが衝突しケンカにつながる「こだわり衝突パターン」、②相手の特性が自分の特性を刺激してストレスがたまる「特性連鎖パターン」、③自分の苦手と子どもの苦手の分野が合致しており、教育ができない「苦手おそろいパターン」の3つに分けられる。

自分も特性があることで子どもの気持ちが理解しやすいメリットもあるが、育児において自分と子どもの特性が噛み合わずに苦労しているケースもある。

親も発達特性がある場合、自分も子ども時代に苦労した経験があるため、**「子どもの生きづらさがわかるからこそ私がしっかり配慮しなければ」と思う傾向にある。**

わが子につらい思いをさせたい親はいない。「この子は普通の子とは違うからこそ、人一倍気を付けなければ」という気持ちが育児のプレッシャーにつながっていて、知らない間に疲れをためてしまう。さらに、家事や育児はマルチタスクの側面が大きいため、発達障害の人の苦手分野であることが多く、普通の親よりも疲れをためやすい。

疲労は悩みを解決する思考力をにぶらせ、新たな悩みを生み出す原因にもなる。発達特性を持つ子どもの育児には悩みどころが多い。疲れた状態で悩み、育児も配慮しながら頑張り、肉体的・精神的に疲れてしまう。

解決法 特性のぶつかり合いはパターン別に解消

特性のぶつかり合いは、前述のように大きく分けて3パターンだ。ここではパターン別に解決策を挙げていく。

こだわり衝突パターンの解決策

こだわり同士がぶつかり、子どもとケンカになってしまう場合、大概親側が折れてフラストレーションをためている。常に自分のこだわりを通せないと、親ばかりにストレスがかかり、結果として育児にも支障が出る可能性がある。一方、子ども側の意思を押しのけて親側のこだわりを通すと、子ど

Column

病院デビューのコツ

予約が全然とれないことが多いので、発達障害の診断を受けたいと思ったらすぐに行動しよう。数カ月〜1年待つ病院もある。できれば小児だけでなく、大人の発達障害も診察してくれる病院を選ぶと、子どもだけでなく自分の困りごとも相談できるのでおすすめだ。

かなり長い時間待って病院に行くことになるので、診察時に伝えたいことはできる限り伝えられるよう、事前に伝えたいことをメモしておこう。ASDやADHDといった診断名に捉われず、「何に困っているか」を伝えたほうが適切な助言を受けやすい。

また、病院によっては最初の発達検査が保険適用外の場合もある。保険適用外だと検査費に数万円かかることもあるので、予約の際には費用についても確認しておこう。

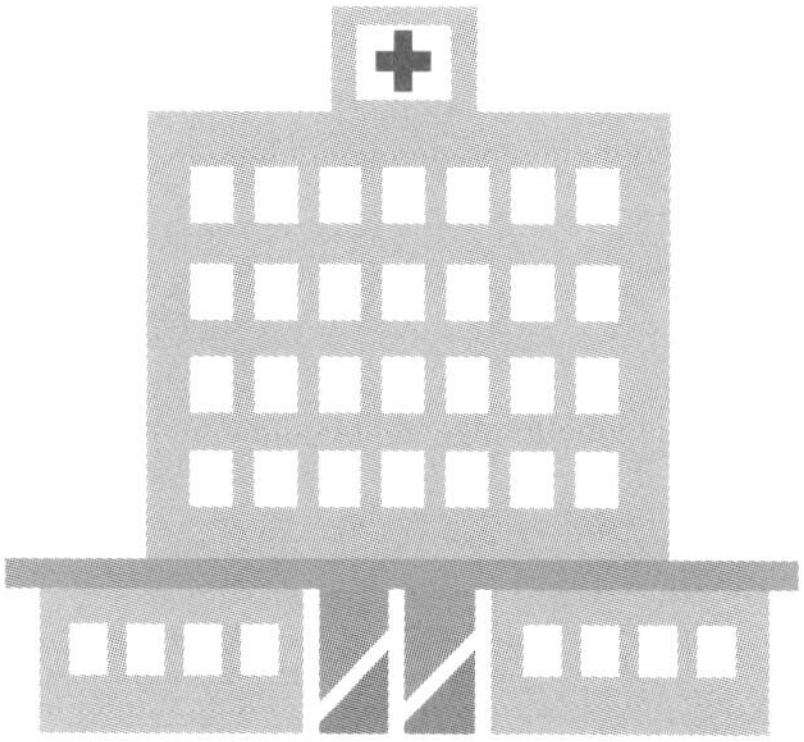

も側に負担を強いることになる。

　この状況を打破するには**親側のこだわりを変える**必要がある。「変えられないからこだわり」という人もいるが、ＡＳＤ傾向の人は、合理性や論理性があるのなら、柔軟にこだわりを変えられる。育児の場合、子どものこだわりを通さないと結果として子どもが暴れて自分のストレスにつながり、非合理的だという認識を持とう。

　その前提で自分が今持っているこだわりを組み替える。たとえば計画通りに進めたいというこだわりを持つ人は、子どもがこだわりでぐずをこねる可能性も加味して計画を立てよう。

特性連鎖パターンの解決策

　相手の特性がこちら側の特性を刺激し、負の連鎖が発生する場合がある。**まずは子どもと自分の特性を把握しよう。**特性を完全になくすことはできないが、工夫次第で影響を受けにくくすることはできる。たとえば、聴覚過敏で子どもの泣き声にやられてしまう場合は、自分がイヤーマフを付けるなどして、対策がとりやすい特性から対処していこう。

苦手おそろいパターンの解決策

　自分も苦手で子どもに教えられない人には、発達キッズが社会生活で困らないように特性への対処法を学べる「療育」がある。療育は特性に合わせて支援をしてくれるので、安心して頼ろう。

　また、家では親のマネをしないように、**「これはお手本ではない」ことを子どもに伝えておこう。**「片付けなさい」と怒ったときに、子どもから「ママだってできないくせに」などと言われる場合は、「ママができないから教えてほしいな」「ママを助けてほしいな」という風に子どもを頼ったほうが、子どものやる気が引き出される場合がある。できないことを引け目に感じず、うまく利用して子どもの自律性を高めよう。

発達育児の悩み解決は早期療育がキー

　療育は発達障害を治すために実施するものではなく、**特性に合わせた社会との関わり方を教えてくれる**ものだ。特性を無理矢理抑え込んで矯正させるわけではないので安心して利用しよう。

　療育には家族のケアも含まれていることが多く、育児に関する悩みも相談できるので、親の悩みや負担の大きな軽減につながる。行政の支援は成人の発達障害者よりも児童支援のほうが手厚いことが多いので、利用しない手はない。

特性同士がぶつかり合う3つのパターンの解決法

1　こだわり衝突パターン

- 自分のこだわりを合理的に変更する
- 子どものこだわりを通さないと、逆にストレスが増えてしまうので非合理的と捉える

2　特性連鎖パターン

- 子どもと自分の特性を把握する
- 対策のとりやすい特性から対処する

3　苦手おそろいパターン

- 療育に頼る
- ママは反面教師と割り切る

児童預かりサービスや認可保育園への入園といった子どもへの直接的な支援以外にも、親同士の会で情報収集ができたり、先生への対応をやってくれたり、親にとってもありがたい支援があることもある。

また、小学校の情緒支援級への入学もおすすめだ。かつての支援級は知的障害の子どもが通うイメージが強かったが、この「情緒支援級」は発達障害に特化しており、大人数の教室に向かない子どもが少人数で学べる仕組みになっている。

ソーシャルスキル（あいさつやお礼）の練習、片付けや身だしなみのチェックなど、社会性を育みつつ、勉強も一人ひとりに合わせて指導してもらえる。授業も、やり方に工夫があるだけで内容は通常学級と変わらないので、中学校以降の進学に支障をきたすこともない。

この令和の時代は、30年前とは比べものにならないほど支援体制が整っている。**偏見の目も確実に少なくなっているので、怖がらずに適切な支援を受けるようにしよう。**

子ども時代の自分が子育てのヒントに

発達障害のある人は自分が子どもの頃に、わが子と似たような生きづらさ・悩みを抱えていた人も少なくない。わが子を見ているとかつての自分を思い出す人も多いのではないだろうか。発達特性の気持ちがわかるというのは発達障害のある人にしかない強みだ。今一度自分の子ども時代、自分がどういう気持ちだったのか、何をしてほしかったのかを思い出してみよう。

思い出してみると、どれも大人からすれば何気ない行動だったたり、子どものためと思ってやっている行動なのかもしれないが、子どもからすると疑問や不満が残ることも多い。大人が思っている以上に子どもは聡いので、大人が威厳を保とうと適当にごまかせば子どもは気付くし、反対に大人が子どもに謝ったり弱みを見せたりしても、子どもに対して真摯に向き合っていれば、子どもは大人を下に見ることもないだろう。かつて自分が嫌だと思った大人になっていないか振り返ってみよう。

ただし、あくまでこういった経験則はヒントにすぎない。絶対法則は存在しないので、自分の経験を子どもに押し付けすぎないようにしよう。時代も環境も違うし、親子といえども別の人間なので、自分にとってよかったことが子どもにも100%よいとは限らない。経験や知識、他人からのアドバイスに固執しない柔軟性が大切だ。

第3章

しつけや育児生活についての悩みを何とかしたい

育児本に書いてあることがすべてではない

親になると育児本や雑誌・SNSから情報収集するが、全部を達成しようとするとパンクしてしまう。つい完璧主義になりがちな発達障害の人が多いが、まずはスモールステップで、無理なく育児生活に慣れていこう。

しつけって何をしたらいいの？

対策

- 年齢別しつけフローチャートを活用する
- 生活習慣リストを活用する

事例 いつから始めたらいいの？

子どもが2歳になって、だんだんできることも増えてきた。

そろそろしつけを始めたほうがいいのかな。でも、まだ言ってても通じているかわからないときがあるし、強く言うのもかわいそうかも……。

そう思っていたら、わが子と同い年の子がきちんと靴をそろえているのを見てびっくり。やばい、何も教えていなかったけれど、すぐに始めたほうがいいのか。でも、何からしたらいいの。

みんな「なんとなく普段の生活の中で教えているだけ」と言っているけれど、どういうこと!?

原因 「なんとなく」って何かわからない！

発達障害の人が一番苦手な言葉、「なんとなく」「適当」。具体的な内容と手順が知りたいのに、育児については人によって言うことが違ったり、ぼやかされたりすることもしばしば。

また、しつけは子どもの成長に合わせて行うが、子どもの成長は一人ひとり違うため、誰かのアイデアを丸パクリというわけにはいかない。**子どもの状態の観察と柔軟な対処が必要**なため、発達障害の人の育児の泣きどころになりやすい。

解決法 年齢別しつけフローチャートを活用する

子どもの理解度の標準的な発達

と、何をしたらいいかをまとめたので参考にしてほしい。もちろん発達には個人差があるので、この通りにいかなくても焦る必要はない。

●0歳：何もしなくてOK！

0歳児は食べて遊んで寝るのが仕事なので、しつけや生活習慣は気にしなくてOK。

生後半年を越えて離乳食を食べるようになったら、食べる時間を毎日同じになるようにするとなおよし。

●1歳：危ないことは伝える。生活習慣も始まる

1歳になると、歩けるようになって行動範囲が一気に広がる。道路へ飛び出す、ベランダへ出るなど危ない行為をしたら、その都度ダメと伝えよう。まだ理由の理解はできないため、簡潔に「ダメ」「危ないよ」と伝えて、怒らないこと。

また、歯みがきや手洗いなど、衛生面の習慣も1歳になったら教えていこう。

●2歳：対話ができるようになるので、話をじっくり聞こう

だんだんと理由がわかるようになる時期。叱るときに、理由を説明すると納得してくれるかもしれない。

また、子どもによっては嘘をついたり、友達に意地悪をしたりすることもある。子どもの気持ちも複雑に育つ時期なので、嘘や意地悪はダメなことを伝えて、その理由をじっくりと聞いてあげるようにしよう。

●3歳：学習が可能に。一般的なしつけはこの時期から

社会性が発達するのは3歳から。あいさつ、言葉遣い、食器をきれいに使うなど、いわゆるマナーはこの頃から教えていこう。

また、この年からルールも守れるようになるので、静かにする、列に並ぶなど、公共空間での過ごし方も教えていこう。

これを教えよう！　生活習慣リスト

「時期はわかったけれど、最低限何を教えたらいいの？」と考える人のために、90ページに具体的

な**生活習慣のしつけ内容リスト**を作成した。幼稚園や保育園で目標とされているものなので、これを参考にしてほしい。

基本的な生活習慣は発達障害を抱える親自身も苦手な人が多いが、一番のしつけはマネをさせること。これを機に少しずつ身に付けてみよう。

厳しすぎるしつけはかえって悪影響なので、「できなくて当たり前」を合言葉にしてチャレンジしよう。

しつけは怒らずさとすだけ

子どもが言うことを聞かないと、ついカッとなることは誰にでもあるもの。特に発達障害の人は感情のコントロールが苦手だったり、衝動性が強い傾向があるため、子どもに怒ってしまう人は多いかもしれない。

ただ、子どもを怒鳴ってしまうと、そのショックや恐怖のほうが伝わってしまい、肝心の内容が伝わらなくなってしまう。

カッとなったり怒鳴りそうになったら、まずは6秒間我慢しよう。いったん自分の感情を落ち着けてから、ダメなことを言葉で伝えること。ただし、子どもに身の危険があるような場合（車道に飛び出す、川に入ろうとするなど）は、「危ない！」などの大声を出しても大丈夫。

昔の自分を思い出して！嘘や意地悪にも理由がある

昔、理由があってやったことを親に頭ごなしに怒られたりしたことはないだろうか。特に発達障害の人は、誤解されて悲しい思いをした経験が多い。

大人になると忘れがちだが、子どもはいろいろなことを考えている。嘘や意地悪も、そうしなくてはいけない理由があってやっているだけだ。**ダメなことはダメと伝えながらも、昔の自分を思い出して、その背景にある理由に目を向けてみよう。**

6秒ルール

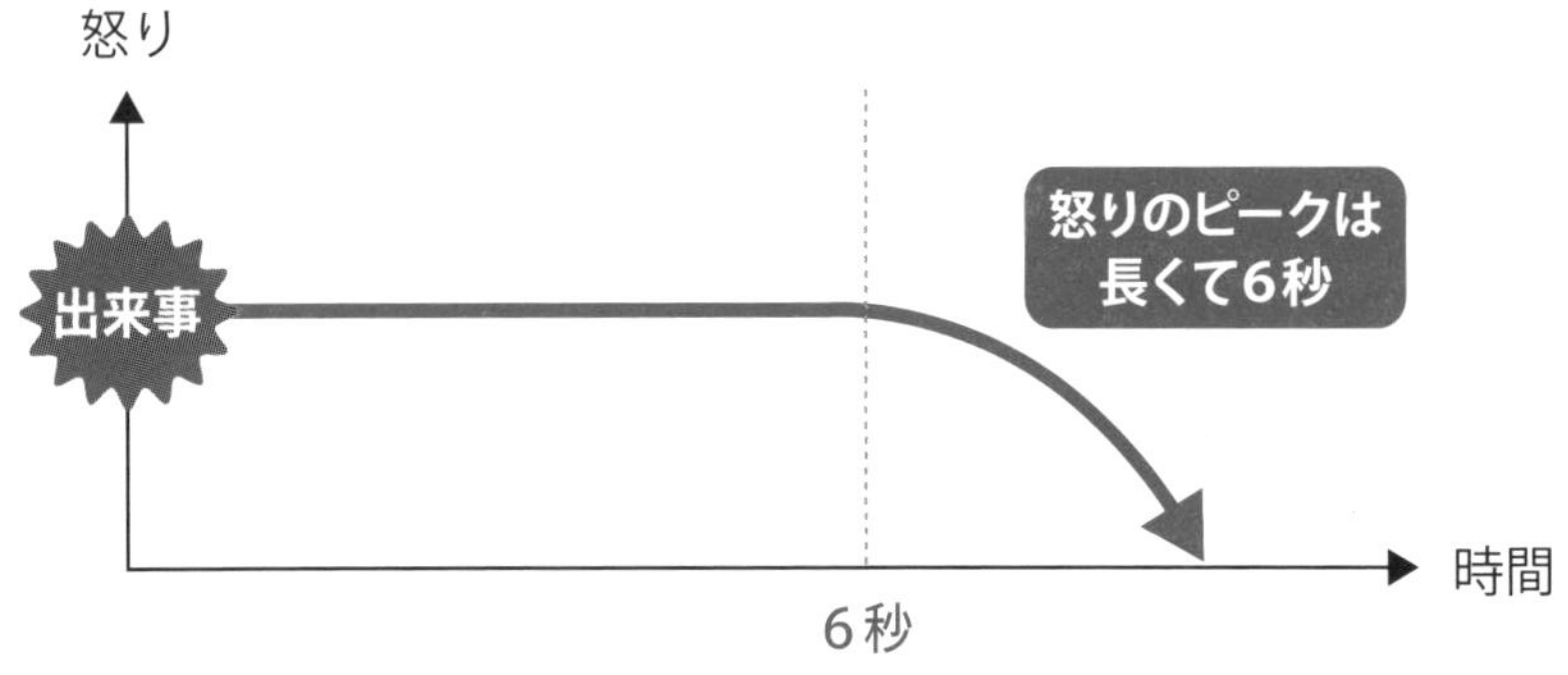

年齢別しつけフローチャート

1歳　危ないことは伝える。
生活習慣も始まる

0歳　何もしなくてOK

2歳　対話ができるようになるので、
話をじっくり聞こう

3歳　学習が可能に。一般的なしつけは
この時期から

生活習慣のしつけ内容リスト

1歳児	0歳児	
• スプーンやフォークを使ってみる •「いただきます」をする	• いろいろな食材を食べてみる • 手づかみで食べる • スプーンやフォークを試してみる	食　事 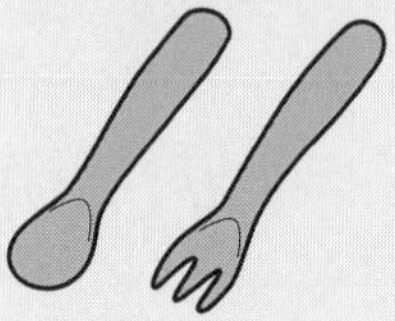
• 服を脱がせるときバンザイができる • 靴を脱ぎ履きする	毎日着替えさせてもらう	着脱衣 
• 手を洗ってみる • 身体の洗い方を教える • 歯ブラシで歯を磨いてもらう	お風呂に入れてもらう	清　潔 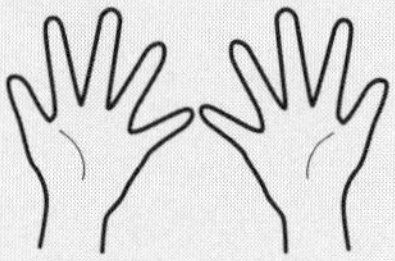
• 出たことを知らせる • トイレを試してみる	オムツをきれいに保つ	排　泄 
だいたい決まった時間に起きて眠る	決まった時間に眠れる	睡　眠 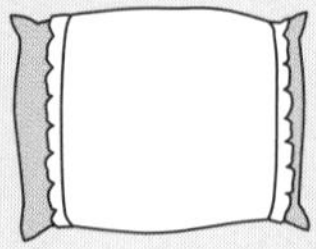

3歳児	2歳児
• こぼさずに食べる • おはしを使ってみる	• コップ、スプーン・フォークを自分で使う • 手づかみ食べをやめる •「いただきます」「ごちそうさま」をする • 食器を流しに持っていく
• 自分で着替えられる • 脱いだ服をたたんで置いておく	• 手伝ってもらいながら自分で着替えられる • 服をたたむ • ボタンを試す
• 自分で歯を磨く • 服が汚れたら自分で着替えられる	• 手洗い・うがいをする • お風呂で自分で体を洗う
• トイレで排泄できる • トイレの使い方がわかる	トレーニングパンツ（オムツとパンツの間）に挑戦する
お昼寝をしなくても大丈夫になる	寝かしつけがなくても自分で眠れる

しつけが思い通りに進まない！

対策

- 日記アプリを使って子どもの発達段階を把握する
- 絵カードなどのグッズを使う

事例　周りと比べて焦りが止まらない

子どもにスプーンを持たせようと早1カ月、全然持つそぶりもない。「いただきます」「ごちそうさま」も毎回やっているけれど、マネする気配もなく、何も成長の兆しが感じられない。

心配だけれど、このままでいいのかな。周りの同年代の子はもうできていることばっかりで焦りが止まらないよ〜！

原因　育児に白黒思考は禁物！

発達障害の人は物事を0％か100％かで捉えがちだが、**育児に「できる」「できない」の二元論は禁物だ**。「できる」と「できない」の間に、「できそう」「ごくたまにできる」など無限のグラデーションが存在する。

特にASDの場合は**他者視点で考えるのが苦手**なため、「なんでできないの？」と子どもを責めがちなので注意しよう。

解決法　日記アプリを使って子どもの発達段階を把握

子どもはある日突然成長したり、気付いたら新しいことができるようになっていたりするものだ。

育児日記を付けておくと、まったく成長しないと思っていたけれど、半年前からはこんなに成長していたんだ、と気付くきっかけになる。

また、子どもによって発達のスピードや順序は異なるので、自分

おすすめの育児日記アプリ

●育児ノート

- チャート機能があるので、身長や体重の伸びがグラフで一目でわかる
- 夫婦間でデータを共有できるので、体調やご飯の時間など赤ちゃんの情報を共有できる

●パパッと育児

- 夫婦で育児記録をリアルタイムに共有できる
- ワンタップでミルク、オムツなどの情報を入力できるので、疲れている日でも無理なく続けられる
- 赤ちゃんの泣き声から感情を分析する泣き声診断機能がある

●ぴよログ

- 音声入力ができるので、いちいち打ち込むのが面倒な人におすすめ
- 祖父母など広い範囲の家族に共有できるので、悩みを書き込んで家族に相談もできる

●トモニテ

- 栄養士監修のアプリで、離乳食のレシピを見ることができる
- 妊娠週数や子どもの月齢に合わせたコラムも毎日配信される

の子どもがどのくらいの発達段階なのかを把握するためにも、記録しておくことは参考になる。

前ページにおすすめの育児日記アプリを挙げたので、ぜひ試してみてほしい。

また、生後10カ月、1歳半、2歳など節目で行われる検診では、返事やスプーン持ちがいつできたか聞かれるので、忘れないようにアプリに記録しておくとすぐに答えられる。

絵カードなどのグッズを使う

子どもの特性によっては、注意をしても耳からの情報が入りにくかったり、具体的にどうすればいいのかイメージしにくいことがある。そんなときにおすすめなのが**絵カード**だ。

カードに「あいさつ」、「服を着る」などのイラストが書いてあって、見るだけで具体的に指示が伝わるようになっている。また、絵を見ることで、子どもでも客観的な視点に立って自分のふるまいを見直せる。

年齢やシチュエーションごとに絵カードが販売されている。次ページにいくつか例を挙げたので、お悩みに応じて使ってみてほしい。

まずは親がやってみる！

子どもは親のマネをしたがる特性がある。いくら教えても聞いてくれなかったことが、親が1回やっていただけで、子どもも勝手にマネをすることも多い。

ポイントは、**子どもに見せようとせず、勝手に楽しそうにやること**だ。歯みがきを歌いながらする、玄関で脱いだ靴を楽しそうにそろえる、お片付けを踊りながらリズミカルにやるなど、教えたいことを遊びのようにやってみると、子どももノッてきやすい。

親は子どもを優先するあまり、自分のことを後回しにしやすいが、それだと子どもからはやっているところが見えない。教えたいことは子どもの前でやることを意識しよう。

専門家の力も借りよう

周りの子どもと比べて明らかに理解力が低かったり、いくら言っても他の子どもを叩いてしまったりするなど、心配事が大きい場合は、**専門家の力を借りること**も大切だ。

児童発達支援施設では、日常生活のトレーニングや集団生活の訓練など、一人ひとりの状態や課題に合わせたサポートを行ってくれる。住んでいる自治体の保健所や福祉担当窓口で相談できるので、気になることがあるのなら気軽に行ってみよう。

主な絵カード

●せいかつ絵カードずかん　ことばと習慣がぐんぐん育つ! 入園・入学準備に役立つ!

絵：カモ、監修：岩澤寿美子、発行：KADOKAWA

- 今日からすぐ使える育児に役立つ絵カード528枚入り
- 「生活習慣と言葉が育つ絵カード」「いろいろ使える名詞の絵カード」などがある

●カモさんのイラストカードまるごとBOOK

著：カモ、発行：新星出版社

- CD-ROM付き。すぐに使えるイラストカードがたっぷり596枚
- おもちゃの片付け、1日の動きの確認、毎日使える場面がたくさんある
- 巻頭では保育の場面での実際の使い方を写真で紹介

●ひらがなことばカード1集

発行：くもん出版

- 表に絵、裏に言葉が書かれたB6サイズのカード
- カードのサイズはお母さんお父さんの顔の大きさとほぼ同じなので、視力がまだ十分ではない赤ちゃんでも集中して見てくれる

●えこみゅ

- 発達障害支援事業をてがけるLITALICOがリリースした絵カードアプリ
- 画面に絵カードを表示できるので、外出先などでも使用できる
- アプリ内のイラストを印刷してオリジナル絵カードを作成することもできる

自分の生活リズムが乱れていて子どもの生活が心配

対策

- 自分の睡眠リズムは無理に正す必要はない
- 子どもの「起きる」「寝る」「ご飯」のリズムだけ決めよう

事例　自分の夜更かしで朝が遅い生活に

夜に全然眠れなくて3時ぐらいまで起きてしまうせいで、朝は9時まで寝てしまう。そのせいで朝ご飯は10時ぐらいで、昼ご飯は15時ぐらいになることも……。

2歳の子どもはまだ保育園に通っていないから私の生活リズムで過ごしていて、来年からの幼稚園生活に慣れることができるか今から心配。

このままではダメだといつも思っているけれど、今日も眠れなさそう……。

原因　「リベンジ夜更かし」の可能性&ルーティンを忘れてしまう

日中に自分のやりたいことをできなかった反動で夜更かししてしまうことを「リベンジ夜更かし」というが、発達障害の人はこの**「リベンジ夜更かし」をしてしまいがち。**

その原因は、定型発達の人は「やりたいこと」を別の日に後回しにできるが、発達障害の人の場合、やりたいことをできなかったストレスで、モヤモヤして眠れなかったり、たとえ睡眠をとっても精神的な疲れが回復しないことにある。

特に育児中は、昼間は家事と育児に追われてほとんど自分の時間がない日も多いため、余計にリベンジ夜更かしの悪循環にハマってしまう。

また、夢中になるとついつい時間を忘れてしまったり、今やりたいことを優先したりしてしまうため、ご飯を毎日違う時間に食べたりと一定の生活のリズムを作りにくい。

解決法 自分の睡眠リズムは無理に正す必要なし。子どもの「起きる」「寝る」「ご飯」のリズムだけ決めよう

規則正しい睡眠をとるに越したことはないが、無理に正そうとしてストレスをためてしまっては本末転倒だ。自分の生活リズムは自分が心地よいように、と割り切って、**子どもの生活リズムを崩さないことだけ考えよう**。

そのために、子どもが「起きる」「寝る」「三度のご飯」だけ時間を決めよう。

起きるための対策

幼稚園や保育園に通うことを考えて、毎朝遅くても8時には子どもを起こすようにしよう。8時が難しい場合、それより遅い時間でもいいが、大切なのは「**毎日同じ時間に起こす**」こと。起こして朝ごはんを食べさせてしまえば、二度寝しても大丈夫なので、リズム付けを頑張ろう。

目覚まし時計を使う場合、自分が起きられなくて子どもが大音量を聞き続けることが不安な人は**照明タイプ**がおすすめ。日の出の光を再現してくれたり、カーテンを自動で開けてくれたりと、光で柔らかく起こしてくれるので安心だ。これには、次のようなものがある。

- UUROBA 目覚まし時計……だんだん明るくなる光で起こしてくれる目覚まし時計。自然音のアラームもある
- Robit めざましカーテン mornin'plus……セットした時間に自動でカーテンを開けてくれる優れもの。音も光も出さないのでオーガニックに起床できる

寝るための対策

決まった時間に寝かせるのは難しいので、**毎日同じ時間にベッドに連れて行く**ようにしよう。布団に入って寝かしつけることで、「寝る時間なんだ」と覚えてもらうのが目的だ。

とはいえ、寝室が嫌でリビングへ脱出してしまう子もいるので、その場合はリビングの電気を全消灯しておいても大丈夫。テ

UUROBA 目覚まし時計

レビや電気を消して、「遊びの時間は終わったんだ」とわかってもらうようにしよう。

三食きちんととるための対策

生活リズムの安定には、ご飯の時間も決まっているのがベスト。ただ、子どもが食べないこともあるが、発達障害の人の場合は自分が他のことに熱中していてついつい忘れがちになる。

そこでおすすめなのは、**アラームでご飯の時間を管理すること**。おすすめのアラームをいくつか紹介するので、参考にしてほしい。

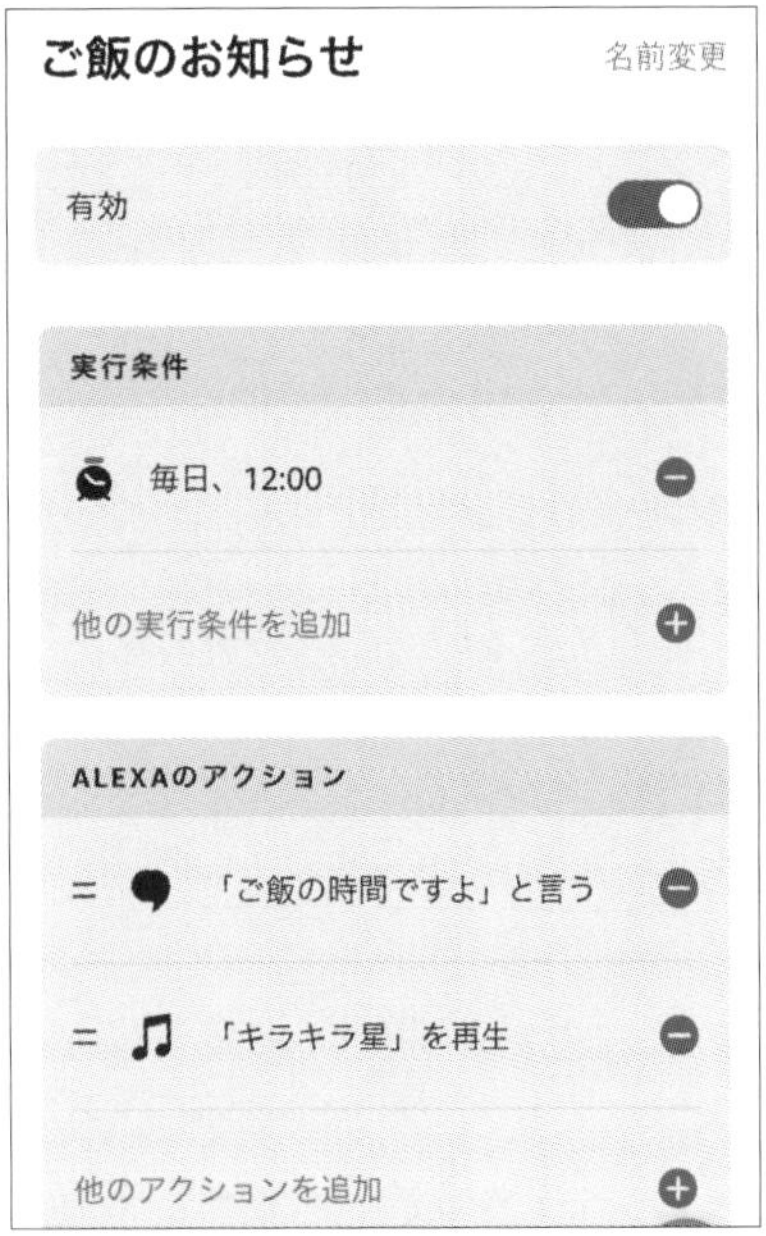

Alexaの定型アクション

●喋るアラームアプリで時間管理&声かけもAlexaで自動化

リマインダー機能は気付かなかったり、そのうち慣れて見なくなってしまう人が多い。また、単純なアラームだと、鳴っていることに気付いていても、何のためのアラームなのか忘れてしまうこともある。

そんなときにおすすめなのが「**しゃべるアラーム**」だ。登録したテキストを設定した時間に読み上げてくれる音声型アラームだ。時間を忘れがちな人はぜひ使ってほしい。

また、Alexaを導入しているのであれば、ぜひ「**定型アクション**」機能を使ってほしい。この機能を使うと、決まった時間に決まった文章を喋らせることができる。

「しゃべるアラーム」アプリと同じ機能だが、Alexaのミュージック機能と連携させることで、「ご飯の時間ですよ」とAlexaが喋るのと同時に決まった音楽を流すこともできる。

ご飯の時間に決まった音楽を流すことで、「その音楽が流れるとご飯の時間だ」と子どもが理解しやすくなるのでおすすめだ。

●時報機能付き壁掛け時計&知育壁掛け時計

家に壁掛け時計がない人は、ぜひ導入してほしい。いつでも見える位置に時計をかけることで、時間を気にする習慣が身に付きやすい。また、子どもも毎日時計を目にすることで、時計の読み方や時間感覚を理解しやすくなる。

セイコーから発売されている**知育壁掛け時計**やくもん出版の**スタディクロック**は、分針の数字も書

生活リズムを保つために最低限やるべきこと

毎日同じ時間にベッドに連れて行く

毎日同じ時間に起こす

アラームで
ご飯の時間を管理する

くもん出版のスタディクロック

セイコーの知育壁掛け時計

いてあり、1時間ごとに色分けされているので、時計の読み方を教えるのに役立つ。また、時報機能付きの壁掛け時計を使えば、アラーム代わりにもなって一石二鳥だ。

子どものモノで部屋が汚いのがストレスに

対策
- いつも置きっ放しになるところに収納箱を設置する
- 自分のテリトリーを作る

事例　どこから手を付けたらよいかわからない

痛っ！　またレゴを踏んだ。片付ける端から散らかっていくので、最近はおもちゃは出しっ放しにしている。最後に掃除機をかけたのはいつだっけ？

子どもの服やオムツなど毎日使うものであふれて汚い部屋を見るたびにイライラするけれど、これだけ散らかっちゃうとどこから手を付けていいかわからないよー！

原因　ノイズによる刺激&自分の意思を無視して散らかっていくことがストレスに

人間の脳は、目から入ってくる情報を処理するだけでも疲労がたまる。人混みの中を歩いた後にどっと疲れる経験をしたことはないだろうか。それと同じで、部屋にモノが多いと、常に脳が刺激されてしまう。発達障害の人は特に**ストレスに弱い**人が多いので、汚部屋に住んでいると日常生活もままならなくなる場合もある。

加えて、ASDの人は**完璧主義な傾向が強い**。そのため、自分の理想通りに片付けた部屋を散らかされる＝理想を壊されることにとてつもないストレスを感じることがある。自分一人のときは汚くても気にならなかったけれど、子どもや配偶者に汚されるのは無理な人は、この「自分のコントロール外で散らかっていく」ことがストレスになっている可能性がある。

また、ASDの**白黒思考の影響**で、「少し散らかっている状態」が我慢できず、完璧にきれいか、ぐちゃぐちゃの部屋のどちらかでしか安心できない場合もある。

解決法 子どものモノを収納しやすくするのとストレス対策を

家族がいると、一人暮らし時代のライフハックが通用しなくなる。子どものモノを収納しやすくすること、散らかっているストレス対策の2点を解決していこう。

子ども専用片付けアイテムで解決！

中が見えない棚やラックにおもちゃを片付けてしまうと、子どもが目当てのものを探して中のものをすべて出してしまう。おもちゃの数が多くて散らかっている場合は、**中が見えるように傾いたおもちゃ収納ラック**を使ってみよう。

これなら欲しいおもちゃを見つ

おすすめの収納ラック

商品名	特　徴
アイリスオーヤマ 天板付キッズトイハウスラック	• 収納ボックスが9つ付いているので、おもちゃの数が多い場合におすすめ • カラフルな見た目でボックスが色分けされているので、片付けの習慣を付ける際に一緒に色の名前も覚えられる
アイリスオーヤマ 収納カート付トイハウスラック	• キャスター付きで、掃除の際に動かせて便利 • 子どもがアレルギー体質の場合、ホコリで体調が悪化することもあるので、清潔重視ならこれを • 絵本用の棚も付いているので、本が多い場合は特におすすめ
不二貿易 お片付けラック	• 細めの金属製フレームにキャスター付きのシンプルなラック • 重量が約5kgと軽いので、力のない人でも簡単に動かせる • サイズも小さめなので狭い部屋でも圧迫感なく設置できる

収納と心の平穏を保つ対策

いつも置きっ放しにになるところに収納箱を設置する

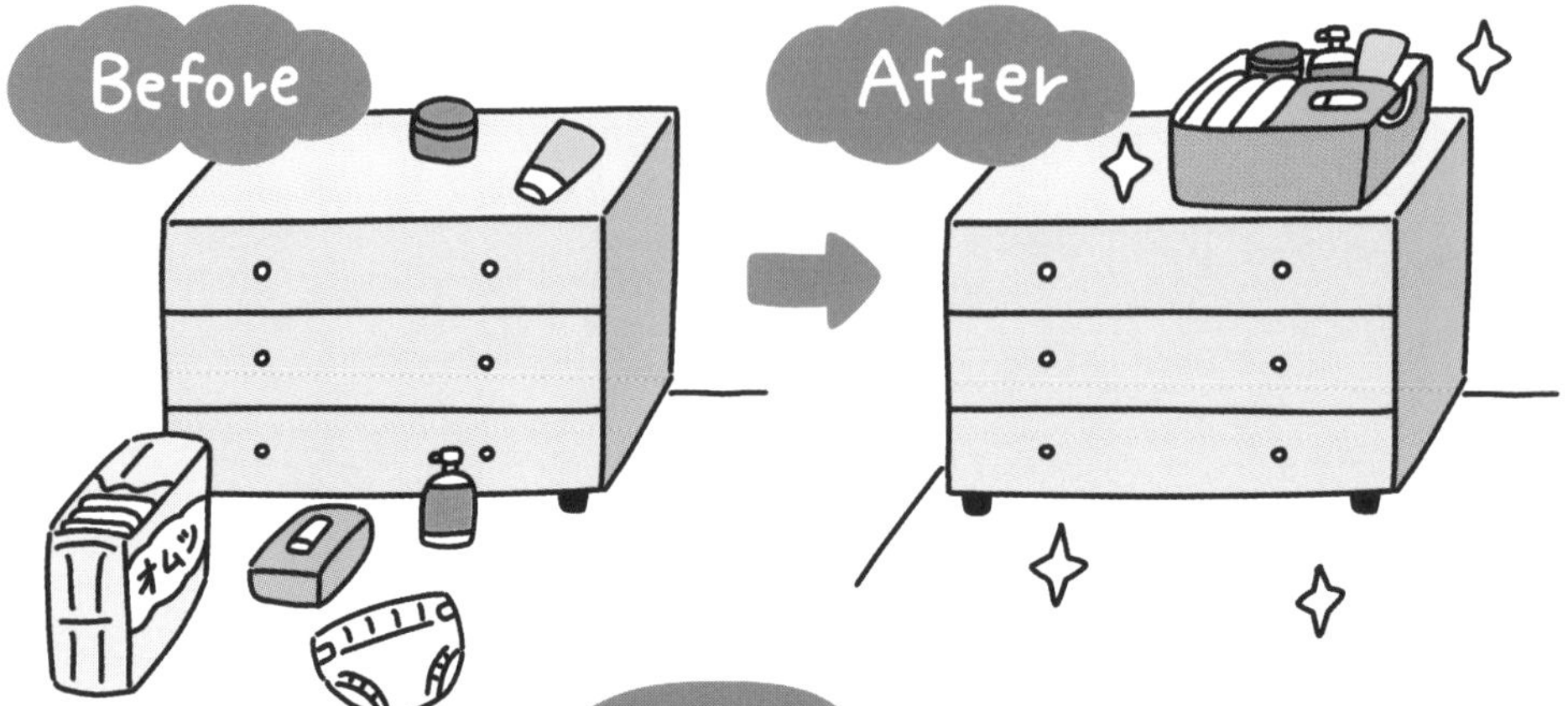

自分のテリトリーを
作る

けやすいので、カゴをひっくり返して床がぐちゃぐちゃという事態になりづらい。

片付けるときも放り込むだけでいいので楽チンだ。前ページにおすすめの商品をいくつか挙げたので、参考にしてほしい。

いつも置きっ放しになるところに収納箱を設置する

おもちゃ以外にも、オムツ、おしりふき、ベビークリームなど、毎日使うものは出しっ放しになりやすい。ただ、置きっ放しにすると子どもが触ったり、いつの間にか失くしたりするので、できる限り収納する習慣を付けよう。

毎日使うものを置きっ放しにしやすい場所は、そこに置くと使いやすい場所でもある。せっかくなので、その位置に**小さいカゴを設置し**、使ったらそのカゴに放り込んでいけば、それだけで片付けが完了する。

この方法だと使うタイミングが同じもの同士で収納できるので、オムツ替えや着替えなどのルーティンも楽になる。その際、危険なもの（薬、ハサミなど）が入っている場合には、子どもの手の届かない高さに置くようにしよう。

自分のテリトリーを作って心の安定を

ＡＳＤの人の中には、部屋が散らかっていくことに耐えられない人がいる。この場合、散らかっていること自体ではなく、「自分のコントロール外で部屋が変わっていく」ことにストレスを感じているので、いくら部屋をきれいにしても心が落ち着かず、むしろ「きれいな部屋が汚くなるかもしれない」恐怖で余計にストレスを感じてしまう。

この恐怖心が強い場合は、**「散らかってもOK」ゾーンと「自分のテリトリー」を区分けしてみよう。**家すべてを完璧にコントロールすることはできないが、「自分の部屋だけ」「寝室だけ」「キッチンだけ」と1カ所に決めれば、自分のコントロール下の空間がある安心感につながる。

そうやって自分の安全地帯を決めることで、他のゾーンが散らかっても心が乱れにくくなる。ただし、子どもにはそのゾーンの区分けは通用しないので、自分のテリトリーは子どもが入らない場所に設定すること。

Column

視覚認知が弱い

発達障害の特性の１つに視覚認知の弱さが挙げられる。同じ行を何度も読んだり、行を飛ばして読んだりしてしまう、図形の理解や板書を写すのが苦手……といった視覚情報からの認知・記憶・処理が苦手な人はこの可能性がある。

視覚認知が弱いと、部屋が散らかっていても気にならないことが多い。玄関が出しっぱなしの靴であふれていても気にならない、タンスの引き出しが開いていても気にならない、床のゴミも気にならない、といった事態になる。

さらに、この視覚認知は空間認識能力にもつながっており、いざ片付けを始めようと一念発起しても、どこに何を収納していいかわからず、結局適当に詰め込むだけで、使うときにまた散らかしてしまう、という悪循環に陥りがちだ。

人によっては、いざ片付けを始めても、いつの間にか雑誌に夢中になっていたり、テレビやスマートフォンを見てしまって手が止まっていたりするなど、集中力が続かずに片付けが進まないこともある。ADHDは注意力が散漫になりがちなので、片付けをしていたはずがいつの間にかまったく違うことをしていたといったことも起こりうる。

部屋が散らかっている自覚はあるものの、やる気が起きない人はモチベーション不足かもしれない。「片付けなきゃな」と口には出しても、心の奥底では「でもまあ今じゃなくてもいっか」という自分もいて、なかなか実行に移せない。

家事と育児の両立ができない！

対策

- 家事を「毎日」「ときどき」「やらない」に分ける
- 「時短」ではなく「自動化」を意識する
- タイムスケジュールを立てない！

事例　子どもに気をとられて、全然家事が進まない

フルタイムで働いて、保育園にお迎えに行って、家に着いたらもう18時半!?

ご飯を作って、子どもをお風呂に入れて、ようやく寝かしつけて、時計を見たら22時……！

シンクは使った食器だらけ、洗濯物は山積み、リビングは子どものおもちゃが散乱。一応家事も育児も夫と分担しているけれど、子どもに気をとられて、全然家事が進まないよー！

原因　マルチタスクをこなすことができない

発達障害の人はワーキングメモリが少ないことが多く、**複数の作業を同時にこなすこと**が苦手な人が多い。

また、ASDの症状が強いと**家事へのルーティンへのこだわりが強くなる**ため、子どもが生まれても家事のやり方を変えられなかったり、「適当にやる」「いい感じに手を抜く」という対処法ができないこともある。

解決法　家事を「毎日」「ときどき」「やらない」に分ける

まず重要なのは、**出産前の家事の量・クオリティをそのまま保とうとしないこと**だ。家事に使える時間も体力も、出産前の半分どころか2割まで減っていると思ったほうがいい。

さらに、子どもが生まれると、

哺乳瓶の消毒など、出産前にはなかった育児に伴う家事が新しく増えるので、到底これまで通りにはいかなくなる。

　そのため、まずやるべきは、**家事の分別**だ。次の例のように、これまでやっていた家事を仕分けしてみよう。

毎日やっていた家事

買い物
料理
洗濯
風呂掃除
食器洗い
掃除機がけ
キッチンの掃除

ときどきやっていた家事

シーツの洗濯
ゴミ捨て
トイレ掃除
窓ふき
ベッドメイキング
アイロンがけ
玄関掃除

　書き出したら、次は、今後の生活で「毎日やる家事」「ときどきやる家事」「やらない家事」に分けてみよう。

毎日やる家事

買い物
料理
洗濯
風呂掃除
食器洗い

ときどきやる家事

掃除機がけ
トイレ掃除
シーツの洗濯
ゴミ捨て
キッチンの掃除

（これまではやっていたけれど）やらない家事

窓ふき
ベッドメイキング
アイロンがけ
玄関掃除

　ポイントは、**毎日やる家事を最低限以下に絞ること**だ。発達障害の人は完璧主義の傾向が強いので、家事を増やすことは簡単だが、減らすことに罪悪感を感じたり、家事をこなせないことがむしろストレスになってしまったりする人が多い。心の余裕を作るためにも、「こんなに何もしなくていいの？」と思ってしまうぐらい、毎日のタスクを減らしていこう。

「時短」ではなく「自動化」が大事！

　産後の家事で大切なのは、「時短」ではなく**「自動化」**だ。子どもにかかりっきりでも、その間に家事が勝手に完了しているのが理

家事を仕分けする

これまで

毎日やっていた家事

買い物

料理

洗濯

風呂掃除

食器洗い

掃除機がけ

キッチンの掃除

ときどきやっていた家事

シーツの洗濯

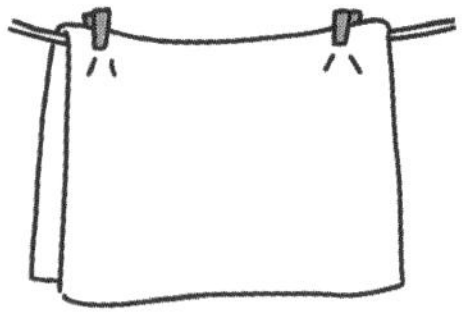

ゴミ捨て

トイレ掃除

窓ふき

ベッドメイキング

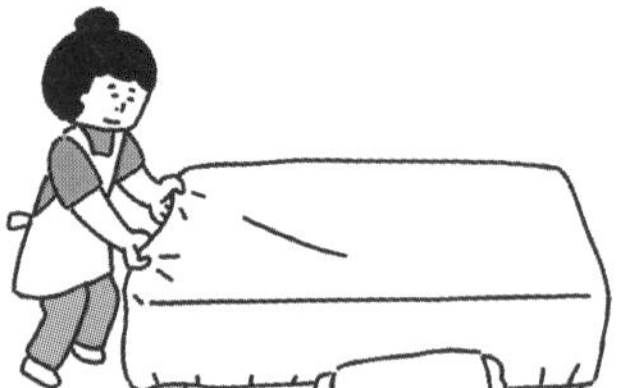

アイロンがけ

玄関掃除

今後
毎日やる家事
買い物
料理
洗濯
風呂掃除
食器洗い
ときどきやる家事
掃除機がけ
トイレ掃除
シーツの洗濯
ゴミ捨て
燃やせるゴミ
キッチンの掃除
（これまではやっていたけれど）やらない家事
窓ふき
ベッドメイキング
アイロンがけ
玄関掃除

想だ。
ここでは、毎日の家事を自動化できるツールを紹介するので、参考にしてほしい。

買い物

●定期便サービス（Amazon定期おトク便、ヨドバシ定期便）

トイレットペーパー、ティッシュなど、買う頻度がある程度決まっている日用品は、定期便サービスを使うとよい。日々の買い物の手間もなく、買い忘れも防げる。

特に、産後はオムツや粉ミルクなどの育児消耗品がものすごい勢いでなくなっていくので、スーパーが遠い・車がない人は定期便登録が絶対に楽。

料理

●ミールキット（オイシックス、パルシステム）

疲れた脳では毎日のメニューを考えるのもしんどい。オイシックスやパルシステムなどで販売しているミールキットは、食材とレシピをセットで届けてくれるので、買い物の手間も省けて一石二鳥だ。

●宅配弁当サービス（ナッシュ、ワタミの宅食、三ツ星ファームなど）

思い切って料理をしないという選択肢もある。最近増えている宅配弁当サービスに登録すれば、栄養バランスが考えられた日々の食事が自動で届く。お金に余裕があり、食事にこだわりがなければ、ぜひ選択肢に入れてほしい。

●食洗機（パナソニック 食器洗い乾燥機 NP-TSP1-W、エスケイジャパン Jaime SJM-DW6A）

食器洗いの救世主、食洗機。最近は工事不要の食洗機も増えているので、ぜひ検討してほしい。選ぶときに絶対に守りたいポイントは、「大容量」と「水タンクの大きさ」だ。一人暮らし用の小サイズでは、結局入りきらない分を自力で洗わなければならないし、給水タンクが小さいと、1回洗う間に何回も水をつぎ足さないといけない。タンク式ではなく分岐水栓式（蛇口から直接水を注げるタイプ）がベストだが、賃貸だと難しいことが多いので、せめてタンクの大きいものを選ぼう。

洗濯

●ドラム式洗濯機（乾燥機付き洗濯機）

お金と家の広さに余裕があればぜひ導入してほしいのが、洗濯物の乾燥までやってくれるドラム式洗濯機。「干す」「取り込む」作業がなくなるだけで、毎日のタスクが楽になる。家にコインランドリーがあるようなものなので、厄介なシーツの洗濯も軽々こなせる。

掃除

●ロボット掃除機（ルンバ、Eufy

RoboVac 11S）

自動で床の掃除を完了してくれるロボット掃除機。自分は床のモノを片付け、その間にお掃除ロボットに掃除してもらうという連係プレイができるので、ぜひ導入してほしい。選ぶときのポイントは、「静音」「水拭き」だ。起動させると同時に赤ちゃんが目を覚ますといった悲劇を防ぐためにも、音が小さい機種を選んでほしい。また、最近は水拭きもこなせるお掃除ロボットもあるので、床をきれいに保ちたい人にはおすすめ。

●**家事代行サービス**（ダスキン、ニチイライフ）

最終兵器として家事代行サービスも検討したい。お金はかかるが、手間とクオリティはこれが一番だ。ダスキンでは、「マタニティママ応援プラン」「すくすくベイビー応援プラン」など、子育て世帯に特化したサービスも提供している。「すくすくベイビー応援プラン」は1回7000〜1万円で2時間、床掃除や洗濯など、いろいろな家事をお任せできる。産後1年は家事は外注と割り切って、すべてお任せしてしまうのも手だ。

タイムスケジュールを立てない

家事のライフハックでよくあるのが、タイムスケジュールを作ってルーティンをこなすこと。でも、産後にこれはNG。子どもがいると絶対に予定通りに家事が進まないので、予定外の出来事に弱い発達障害の人はそれだけで強いストレスになってしまう。

「空き時間に」「その時間内で」「できるところまで」やる、と割り切ろう。

それでも、スケジュールを立てていない状態が不安でストレスになったり、スケジュールを作らないと家事の存在を忘れてしまう人もいるだろう。そんな人におすすめなのが、「**長期スパンでの家事スケジュール**」だ。決まった日時にカッチリと家事の予定を組むのではなく、「3日以内にやる家事」「1週間以内にやる家事」「1カ月以内にやる家事」と、期日にバッファ（時間の幅）を作ることで、余裕を持ってこなすことができる。

Column

ホットクック、ヘルシオみたいな自動調理器ってどうなの？

家事の自動化といえば真っ先にその名が挙がる、ホットクック、ヘルシオなどの自動調理器。自動でおいしく手の込んだ料理が作れるときたら早速導入したいところだが、発達障害の人は少し待ってほしい。

これらの便利ツールの一番のデメリットが、お手入れの大変さだ。細かな部品を毎回洗うのは、食洗機がない限り、掃除が苦手な人には結構な苦行になる。自分の特性とじっくり向き合って買うかどうか決めるようにしよう。

毎日の家事を自動化できるツール

家　事	ツール	具体例
買い物 	定期便サービス	• Amazon定期おトク便 • ヨドバシ定期便
料理 	ミールキット	• オイシックス • パルシステム
	宅配弁当サービス	• ナッシュ • ワタミの宅食 • 三ツ星ファーム
	食洗器	• パナソニック 食器洗い乾燥機 NP-TSP1-W • エスケイジャパン Jaime SJM-DW6A
洗濯 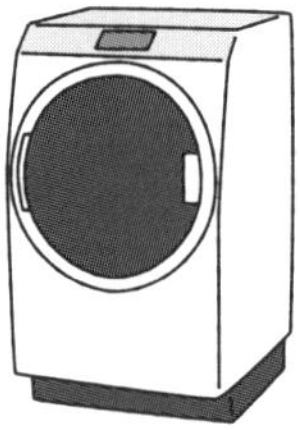	ドラム式洗濯機	――
掃除 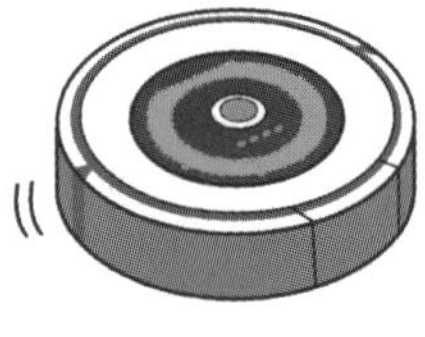	ロボット掃除機	• ルンバ • Eufy RoboVac 11S

第4章

セルフケアで育児中も心身の健康を保ちたい

自己犠牲での孤育ては禁物

妊娠・出産・育児とホルモンバランスも乱れるし、生活は不規則になるしで、心身ともにギリギリになりがち。子どものケアも大事だけれど、自分で自分をケアする〝セルフケア〟はもっと大事。あなたはもう十分に頑張っている。

予期せぬことが起こるとパニック、フリーズしてしまう

対策

- 「べき思考」と「白黒思考」を手放す
- 運動と瞑想で扁桃体ハイジャックに強くなる

事例

いざというときに声が出ない

え！　嘘でしょ！　なんでそこで飛び出すの?!　びっくりしすぎて身体が動かなかった。たまたま車が来なかったからよかったけれど、もし車が来ていたらと思うとゾッとする。

なんであんな危機的な状況で私の身体は動かなかったんだろう。このままだといつかうちの子は事故に巻き込まれるんじゃないかと心配になってしまう。

大事なときに声が出ないくせに、この前は子どもがちょっと駄々をこねただけで大声で怒鳴ってしまった。感情のコントロールができない自分が本当に嫌になる。

原因

想定外が苦手

ASD気質の人に多いとされているのが、**臨機応変な対応が苦手**というタイプだ。何か突発的な事象に対してフリーズしてしまったり、パニックになってしまったりする。

これは発達障害の特性なので、まずは自分を責めないようにしよう。

扁桃体ハイジャックで感情が爆発

カッとなるときは脳の〝扁桃《へんとう》体《たい》〟という部分から大量にコルチゾールというストレスホルモンが分泌される。このコルチゾールが感情を制御し、ブレーキの役割となる前頭葉の働きを抑えてしまい、まるでハイジャックのように、**脳が怒りで支配されてしまう**のだ。

コルチゾールの分泌によって前頭葉が萎縮することがわかっているため、怒れば怒るほどさらに扁桃体がハイジャックされやすくなるという負のループに陥ってしまう。

解決法　想定外は事前準備でカバー

育児は想定外の連続で、ルーティンを愛するASDタイプの人にとってはストレスも多くなりがちだ。何か突発的なトラブルが発生したときにフリーズしてしまう、あるいはパニックに陥ってしまうのは当たり前のことなので安心してほしい。

　臨機応変が難しいと感じている人は、**事前準備でカバーしよう**。たとえば、子ども用ハーネスを使って子どもが飛び出さないように工夫することも事前準備だし、周囲の人に「何かあったときにすぐ動けない」ことを伝えておいて、イレギュラー時に助けてもらえる体制も整えておくとよい。

　実は、脳は空想と現実を区別しないといわれており、事前のシミュレーションはかなり有効だ。「子どもが飛び出すかも」「子どもがここにぶつかるかも」「子どもが勝手に手を触れるかも」など、想定しうる危険を事前に予知・シミュレーションすることで臨機応変が苦手な人でも対処できるようになる。

　工事現場などの危険作業を行うときにも、〝危険予知〟といって事前に現場の危険を想定する。この危険予知が安全作業につながるため、ぜひ育児でもマネしてみよう。

「べき思考」と「白黒思考」を手放す

感情のコントロールは育児中であると難しくなる。ホルモンバランスだって乱れるし、やるべきことは山積みで、子どもは予想できない動きばかりする。これは、ストレスに囲まれて生活しているようなものなので、その状況で感情をコントロールするのは容易ではない。

　だからこそ、大事なのは怒ってしまった、感情を爆発させてしまったときに**自分を責めないこと**だ。「人間だから仕方ない」とまずは自分を受け入れよう。自分を責め

たところで感情のコントロールが上達するわけではないからだ。いったん自分を受け入れることで冷静になり、俯瞰して物事を捉えられるようになる。

さらに大切なのが**「べき思考」「白黒思考」を手放すこと**だ。「べき思考」はこうあるべきと決めつけるという考えが強い思考で、「母親だから常に子どもの話を聞くべき」といった考え方をいう。「白黒思考」は正しい・正しくないの二元論で考えてしまう思考で、「絶対に母乳育児でないといけない」といった極端な捉え方をする思考法だ。

どちらも心の柔軟性を奪い、自分自身をがんじがらめにしてしまう。ASD気質の人のこだわりもこういった思考が発端となることが多いので、自分のこだわりが満たされないときに爆発してしまうのだ。

まずは自分が「べき思考」「白黒思考」に支配されていることに気付くことで、こういった極端な思想を手放すことができる。いい加減は良い加減なので、まずは「良い加減」を目指して、自分の中にある自分ルールをどんどんゆるめていこう。

自分のダメなところ・おっちょこちょいなところを許すことで、子どもや周囲の人間に対しても許せるようになってくる。怒りを手放すためには、まずは自分を許す、そのために「べき思考」や「白黒思考」を手放していくことを意識していこう。

運動と瞑想で扁桃体ハイジャックに強くなる

単純にストレスに強くなる方法として、**運動は一番シンプルな解決策**だ。

運動をするとストレスホルモンのコレチゾールが分泌されるが、運動を続けることでこのコレチゾールの分泌が徐々に抑えられるようになる。ストレスにさらされても運動を習慣としている人はコレチゾールが分泌されにくくなるのだ。

育児中にジムやヨガに通うのは容易ではないので、歩くことから始めてみよう。スーパーに行くときや保育園の送り迎えなど、歩けるタイミングで歩くだけでも十分に運動になる。さらに可能な人は保育園で子どもを送った後は走って帰る、といった具合に〝走る〟ことも追加することで効果が激増する。

運動することはうつにも効果があることがわかっており、集中力アップにも効果的なので、ぜひ運動を意識して取り入れよう。これについてはアンデシュ・ハンセンの『運動脳』（サンマーク出版）が非常に参考になるので、一読するのをおすすめする。

また、**瞑想すること**も脳を休ませるという意味で大変有効だ。朝起きたとき、お手洗いにいる間、寝る前など、隙間時間に目をつぶって深呼吸を行い、瞑想するだけでエネルギーチャージができる。

「これって正しい瞑想になっているのかな？」と気になる人は、ユーチューブで誘導瞑想の動画を参考にするのもよい。声に従って瞑想するだけでかなりリラックスできる。慣れれば動画なしでも瞑想できるようになるので、心を落ち着かせるために瞑想を日常に取り入れよう。

瞑想を習慣化することで、かなり感情もコントロールできるようになる。筆者も毎朝・毎晩瞑想をするようになってから感情の昂ぶりがかなり抑えられるようになり、集中力も上がった。

運動と瞑想をすることで扁桃体ハイジャックから逃れられるようになるので、ぜひ試してほしい。

おすすめの瞑想動画

● 綿本彰　眠りと瞑想チャンネル

https://www.youtube.com/watch?v=58bmqCgJWJ4

- 寝落ち快眠、瞑想、マインドフルネス、ヨガ、ヨガニドラ、呼吸法、フリートーク、対談など、さまざまな角度から動画を配信
- 寝たまま聞けるので、子どもと添い寝しながらでもOK

● Marina Takewaki

https://www.youtube.com/watch?v=Wx4d1B-Wniw

- ワークアウト動画のチャンネルだが、瞑想動画もある
- 5分間だけなので、隙間時間にお手軽に試せる

● ココイマ

https://www.youtube.com/@kokoima

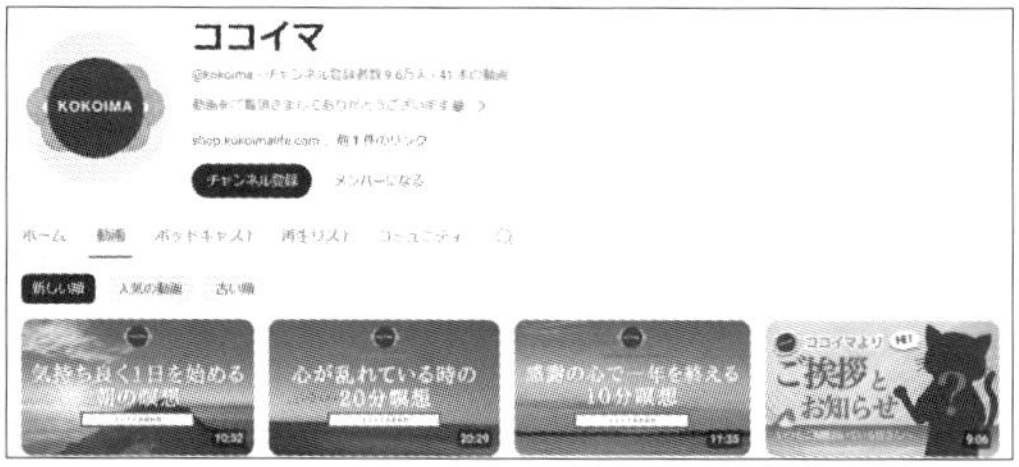

- 瞑想動画チャンネル
- 朝にやると1日を活動的に過ごせる瞑想、考えすぎてしまうときの瞑想、脳と心の状態を知る瞑想など、さまざまなバージョンがある

● 吉田昌生　マインドフルネス瞑想協会代表

https://www.youtube.com/@Mindfulnes/featured

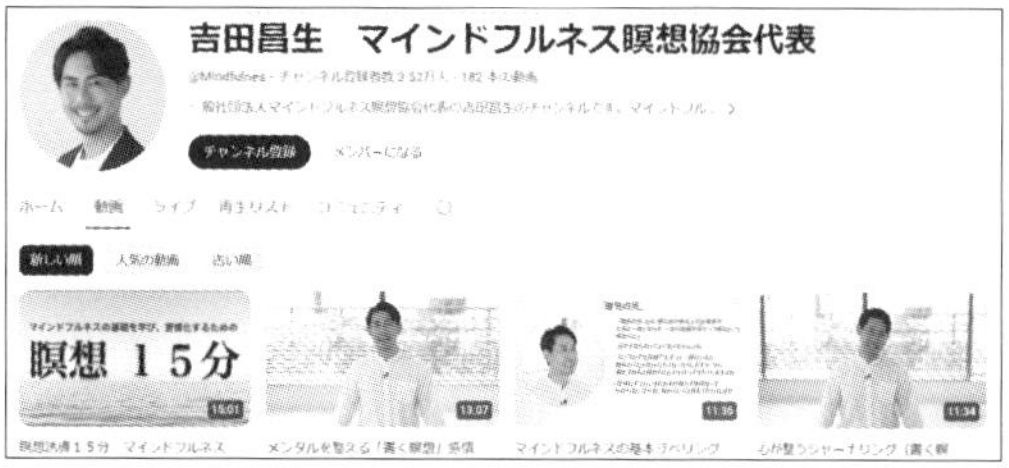

- 一般社団法人マインドフルネス瞑想協会代表のチャンネル
- マインドフルネス瞑想の誘導やヨガ、仏教、心理学について解説している

育児はおろか、何もできなくなった

対策

- まずは自分の状態を自覚することが第一歩
- ヘルプを出せる状態にしておく

事例

もっと頑張らないといけないのに……

　また子どものワガママに怒鳴ってしまった。ワンワン泣いている姿を見るといつも後悔するのに、最近ちょっとしたことでイライラしてしまう。散らかりっぱなしの床を片付けようとしても、身体がとてもだるくてベッドから動けない。仕事も家事も夫に頼んでいるんだから、育児ぐらいは全部私がやらなきゃ……。

原因

ヘルプを出せない

　発達特性がある人は、助けが必要な状況であることを把握することが難しく、**ヘルプを出すことが苦手**な人が多い。「私は専業主婦だから、育児のことは全部自分でやって当然だ」「母親なんだから、育児で弱音を吐いてはいけない」「他のママたちはできているんだから、私の頑張りが足りないんだ」という具合に、一人で解決しようとしがちだ。「周りが〇〇だから」という周囲との相対評価ではなく、自分が困っているかどうか、自分の中の絶対評価で判断しよう。

解決法

まずは産後うつ、育児ノイローゼと自覚する

「わが子なのにかわいいと思えない」「産んだことを後悔している」と感じる人は産後うつや育児ノイローゼになっている可能性がある。「わが子をかわいいと思えない自分は母親失格だ」「こんなことを他人に相談したら、きっと軽

産後うつ・育児ノイローゼの代表的な症状

子どもがかわいいと思えなくなった

子どもに対して
笑顔で接することができなくなった

何のやる気も起きない

眠れない、途中で目が覚める

すぐイライラする、怒る

自分が許せない、自己嫌悪

蔑されるに違いない」という気持ちから、誰にも相談できずに一人で抱え込み、さらに症状を悪化させてしまう。

産後うつや育児ノイローゼは誰にでも起こりうることであり、決して「母親の愛情不足」や「母親のメンタルの弱さ」が原因ではない。**まずは自覚することが治療の第一歩**なので、前ページの代表的な症状に心当たりのある人は、専門医や信頼できる人に相談しよう。

ヘルプを出せる状態にしておく

いろいろと工夫をしても、どうしてもうまくいかないことがある。そんなときに**ヘルプが出せるような体制を整えておこう**。ヘルプはどこに出してもいいので、自分で一番ハードルの低いと感じるところに相談してみよう。

相談相手として信頼できる人物や団体を見分けるコツは、**自分の味方になってくれるかどうか**だ。「あなたの愛情不足」や「子どもがかわいそう」と言ってくる人に相談すると、それがとどめの一発となって心が折れてしまう可能性がある。

事前の問い合わせ時に対応が丁寧・感じがよい人物・団体は信頼できる場合が多い。

何があっても自分の味方でいてくれる人を見つけておくと、いざというときに安心して相談ができる。相談方法も対面、電話、メール、LINEなどさまざまなので、自分に合うものを選ぶとよい。

産後うつや育児ノイローゼの可能性がある人は、**心療内科や精神科に相談してみよう**。病院に行くことに抵抗がある人は、普段育児の相談をしている人に話してもよい。地域によっては産後うつの親の会などがあり、同じ悩みを持つ人と情報共有できる。

子どもに発達の特性がある場合は、親の会と呼ばれる発達特性を持つ子どもを持つ親の団体が全国各地にあるので、自分の地域の親の会を調べて行ってみるのも手だ。

子どもに手をあげてしまいそうになる、ネグレクト（育児放棄）してしまいそうになる、もうギリギリという場合は189番に電話しよう。地域の児童相談所につながる番号で、相談は匿名でも行うことができる。

ヘルプが出せる体制を整える

- **信頼できる人物・団体を見つけておく**
  何があっても自分の味方でいてくれる人に相談しよう
- **産後うつや育児ノイローゼの可能性がある場合は病院も考える**
  心療内科や精神科など専門医に相談しよう
- **限界がきたら189番に電話**
  地域の児童相談所につながり、匿名で相談ができる

代表的な相談窓口

公的な機関

●発達障害者支援センター

発達障害を持つ人を総合的に支援してくれる専門機関。発達障害に特化しており、保険・医療・福祉・教育・労働などの関係機関と連携しているので、どこに相談してよいか迷ったら発達障害者支援センターがおすすめ。

●児童相談所

虐待対応のイメージが強いが、児童相談所はその名の通り、子どもについてのさまざまな相談ができる。

●教育相談所・教育センター

各自治体に設置されており、教育はもちろん、いじめ・不登校・発達障害などの相談もできる。

任意団体

有志が運営している団体で、同じ悩みや困りごとを抱えている者同士で集まり、相談や情報交換を行える。昨今のコロナ禍により、オンラインで開催している団体もあるので、興味がある人は検索してみるとよい。いくつか代表的な機関を紹介しておく。

●親の会

全国各地で有志が運営している、発達障害の子を持つ親の会。「（自分の住んでいる地域）親の会　発達障害」などで検索してみよう。

●産後うつの親の会

あまり数は多くないが、産後うつの親の会も存在する。

●発達障害当事者会・自助会

発達障害を持つ当事者が集まる会。自助会ともいう。イベント告知サイトの「こくちーずPRO」などで検索すると、自分の地域の当事者会やオンラインで開催している当事者会などを探すことができる。

出産してからずっとイライラが止まらないし、不安やネガティブな感情でつぶれそう

対策

- 副交感神経を優位にする運動をする
- ライトなスマホ断ちをする
- 1日10分のストレッチをする
- 自分の精神状態を把握するアプリを活用する

事例 産後1年経っても体調が戻らない

ようやく無事出産してひと安心。

そのうち体調も戻るはず……と思ったのに、産後1年経ってもなんだかずっとイライラしている。普段だったら気にならないような些細なことでカチンときちゃうし、夫や両親が心配してかけてくれているはずの言葉にも、なんだかトゲを感じてしまう。

子どもの顔を見ても、ちゃんと育てられるか心配になってくるし、これからずっと続く子育てを思うと暗い気分になってくる……。身体も重いし、これ、いつになったら治るんだろう？

原因 ずっと続くストレスで体が常に臨戦態勢

そもそも、発達障害に関係なく産後は体調が悪いものだ。出産で消耗した体力を回復する間もなく夜中の授乳で眠れない日々が始まり、体力が回復しないとメンタルも落ち込む。

それに加えて、育児ではとても大きなストレスが常にかかり続ける。赤ちゃんの泣き声は緊張するものだし、赤ちゃんの身に異変がないか、ずっと気にしていなければならない。

この緊張状態がずっと続くと、身体は**交感神経優位の状態**が続いて、睡眠が浅い、動悸、感覚過敏などの症状が出てくる。

かつ、発達障害特有の**過集中**や**感覚過敏**もあるので、この高ストレス状態にさらに追い打ちがかかる。

解決法　今の自分を受け入れる

イライラやネガティブな気持ちは身体からの悲鳴の声だ。自分を責めたりせず、「ああ、今自分はストレス過多なせいでこんな暗い気持ちなんだ」と受け入れてあげよう。

その上で、**まずは臨戦態勢になっている身体をほぐしてあげよう。**軽く5分ほどストレッチをしたり、深呼吸を10回繰り返すだけでも肩回りの緊張がほぐれて、気持ちが落ち着いてくるものだ。

いきなりポジティブになろうと思っても難しいので、まずは身体をほぐす↓落ち着いたら自分の心を眺めてみる↓それでもつらいなら少し子どもから離れる、と順を追って試すといい。

気持ちを落ち着かせるストレッチ

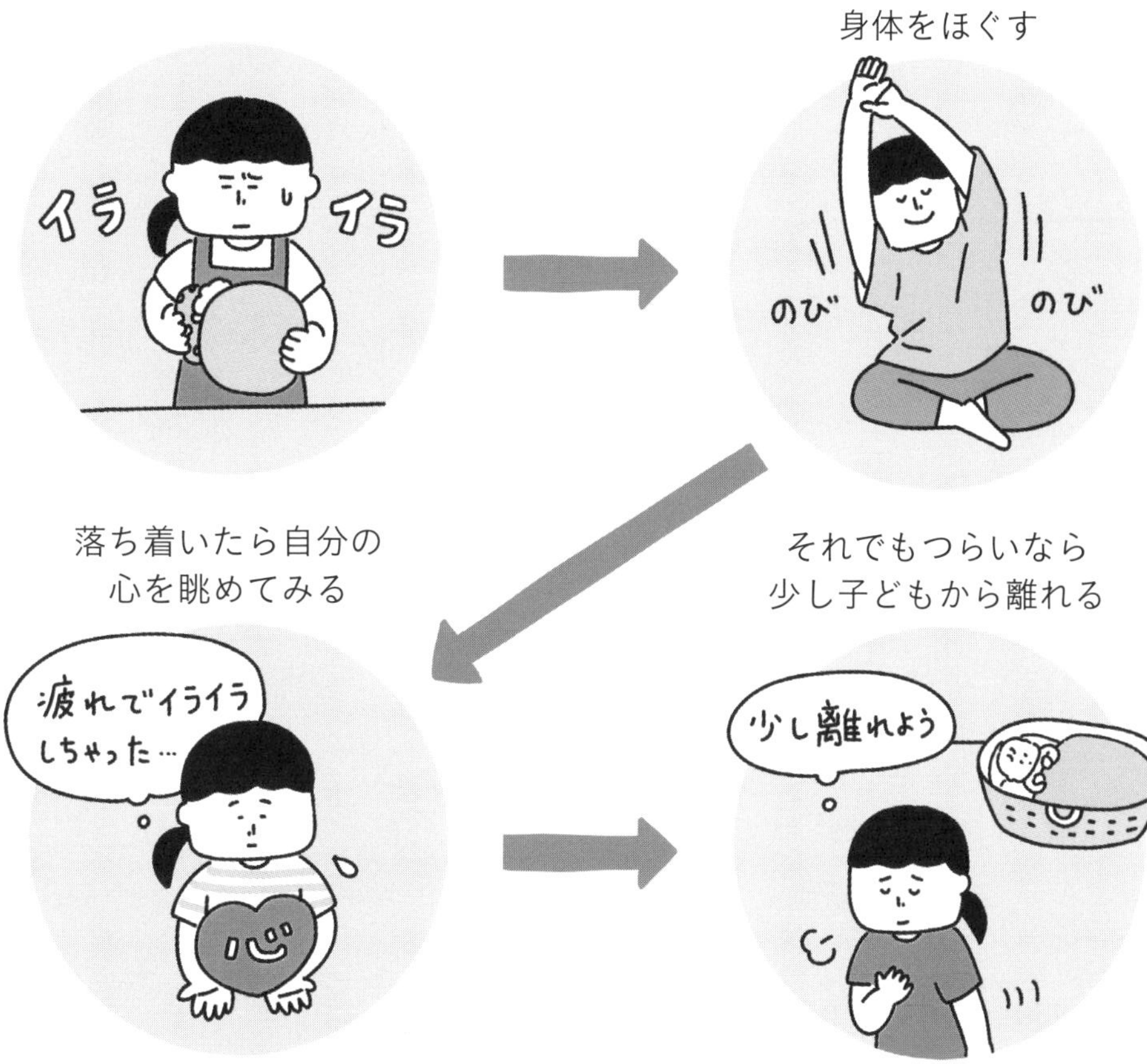
イラ
イラ
身体をほぐす
のび
のび
落ち着いたら自分の
心を眺めてみる
それでもつらいなら
少し子どもから離れる
疲れでイライラ
しちゃった…
心
少し離れよう

副交感神経が優位になる運動をする

身体をほぐすには、**副交感神経が優位になるよう心がけよう**。息があがるような激しい運動をすると逆に交感神経が優位になってしまうので、ヨガ、ストレッチ、ラジオ体操など、心拍数が上がらず筋肉が伸びるような運動がおすすめ。

特に、発達障害があると、体幹の弱さや過集中で長時間同じ姿勢でいても平気なせいで、身体が硬くなりやすい傾向がある。身体の硬さは気分の沈みにもつながるため、意識してゆるめていこう。

ライトなスマホ断ちをする

育児中は孤独で動きも制限されるので、ついスマートフォンを触りがち。でも、スマートフォンのブルーライトは交感神経を刺激するので、リラックスしたいときには逆効果。ブルーライトカットメガネをかけたり、スマートフォンを続けて30分触ったら10分休んだりするなど、**ライトなスマホ断ち**をしよう。次ページにおすすめのスマホ断ちアプリとガジェットを挙げたので参考にしてほしい。

1日10分のストレッチをする

1日に10分程度のストレッチをするだけでも、身体がほぐれて胸の重苦しさがとれたりする。ユーチューブなどの動画サイトで「自律神経　ストレッチ」などで検索するといい。124ページにおすすめのストレッチ動画のチャンネルを挙げたので見てみよう。

もし体力に余裕があれば、ラジオ体操をしてみたり、筋トレをしたりするなど、身体を動かしてからストレッチをすると、自律神経が整うのでより効果大。

自分の精神状態を把握するアプリを活用する

気持ちの変化が激しくて困っているのなら、**感情記録アプリ**がおすすめ（125ページ参照）。そのときに感じた気分や気持ちをメモしておけるので、自分の感情を客観的に把握したり、気分が落ち込むタイミングやスイッチを見つけたりすることができる。

特に育児中は人と話す機会が少ないので、吐き出せない感情や悩みがたまっていかないように、定期的に自分の心を整理しよう。日記も自分の感情の整理におすすめだが、育児中に毎日机に向かうのはハードルが高い。

そんなときには、寝ながらでも記録できる日記アプリや、気持ちを記録することで気分の変化が可視化できるカウンセリングアプリがおすすめだ。

おすすめのスマホ断ちアプリ&ガジェット

●新スマホをやめれば魚が育つ

- スマートフォンを使わない時間分だけ魚が育つ、育成アプリ
- アプリ使用中は他のスマートフォンの機能が制限されるが、設定することで一部の機能は使えるようにもできる

● Collect（コレクト）

- 25分間だけスマートフォンをロックするアプリ
- ガッツリ制限するのがつらい人は、まずはこのアプリから

●タイムロッキングコンテナ

- 中にスマートフォンを入れて指定した時間だけ鍵をかける、物理的にスマートフォンを遮断するコンテナ
- どうしても触ってしまう人には最適

● iPhoneスクリーンタイム/Android Digital Wellbeing

- 1日何時間スマートフォンを見ているのか、どのアプリを使っているかがわかるので、まず自分の現状を知ることができる
- 各アプリで「1日使用は○分まで」と設定できるため、使いすぎに気を付ける

おすすめのストレッチ動画

●オガトレ

https://www.youtube.com/watch?v=fp4tGT6xIOw

- 自律神経が整うストレッチ動画を複数投稿しているチャンネル
- 5〜10分でできるので、隙間時間にも試せる

●B-Flow

https://www.youtube.com/@B-life

- 女性向けのヨガストレッチ動画チャンネル
- 自律神経を整えるストレッチ以外にも、骨盤の凝り、下半身のむくみなど、女性ならではの不調もケアできる

●Nike Training Club

https://www.youtube.com/@Niketrainingclub.

- Nike提供ということもあり、コンテンツが豊富で、しかも無料
- トレーニング系だけでなく、ヨガなどのストレッチ系もあり、数分から30分以上の長めのものまである
- やった分が記録されるのもうれしいポイント

●LEAN BODY

https://www.youtube.com/@LEANBODY

- 月額1,980円でフィットネス系からヨガ系など、フィットネス系の動画が見放題
- 有料じゃないとサボるという人におすすめ（たまにセールをしているので、セール価格を狙おう）
- バラエティに富んでいて、先生のキャラが濃く、楽しくできる

おすすめのカウンセリング&日記アプリ

● 毎日まめ

- 表示される項目をタップするだけで、毎日簡単にひとこと日記が書けるアプリ
- カレンダー機能では、1カ月の自分の気分の変動がわかる

● こころコンディショナー

- 精神科医が開発に携わった、メンタルケアアプリ
- AIチャットボットに今の気持ちを伝えると、会話形式で本心を引き出してくれる
- 東京都保健医療局のHPにも掲載されている

● emol

- AIチャットとの会話でメンタルの状態を記録するアプリ
- 日記形式で今の感情を9つの選択肢から選んで記録することで、感情の変化を見ることもできる
- emol for Maternityという、産前産後のメンタルケアに特化した機能もある

● SELF

- 多様なAIキャラと会話する（選択肢形式）ことで悩みが解消されるアプリ
- 過去の会話を覚えてくれるだけでなく、会話すればするほど、キャラとの親和性（シンクロ）が高まり、寄り添った会話をしてくれる
- 日記機能や位置情報から天気の話題など、高性能なのに基本無料で使えるのがうれしいポイント

慢性的に体調が悪いし、疲れが限界で倒れてしまう

対策

- 強制的に休む時間を作る
- スマートウォッチやウェアラブル端末で体調を見える化する

事例　急な体調不良で動けない

育児は大変と覚悟を決めていたはずだし、これまでは頑張ってやっていたはずなのに、急に高熱が出て動けなくなっちゃった。お母さんに来てもらえるかな。いや、ダメだよね。やっぱり私が母親として頑張らないといけないのに、なんで体調管理すらできないんだろう。

私の中では無理しているつもりはなかったのに、こんなに体力がなかったなんて、また自己嫌悪に陥りそう。早く治さなきゃ！

原因　自分の疲れに気付きにくい

発達障害の人は**過集中**によって気付かぬうちに体力ゲージを大量に消費している人や、**感覚鈍麻**（感覚過敏の逆で、感覚が鈍くなっていること）により、自分の疲れに気付かない人など、知らぬ間に「疲れ」がたまっている人が多い。

そのため、体力が限界に達してからはじめて疲れていたことに気付く人も少なくない。

解決法　強制的に休む時間を作る

母親という職業は24時間365日稼働とよくいわれるが、この考えは手放してほしい。休むのも仕事のうちだと切り替え、自分のためにも、そして子どものためにも休むようにしよう。

そうはいっても休む暇もないのが育児だ。そのため、休みも計画的にとる必要がある。

できれば**週に1日は自分が休む**

ための時間を作ってほしいので、実家に預けられる人は実家に子どもを預ける、無理な人は59ページで紹介した子どもの預かりサービスも活用してほしい。

頑張り屋な人ほど、おそらく最初のうちは子どもと離れている間も落ち着かないと思う。しかし、目をつぶって瞑想をしたり、眠れなくてもただただ横になったり、自分だけの時間を作ったりすることで疲れがとれていくので、試してみよう。

やってはいけないのは、子どもを預けてせっかく自分の時間を作ったはずなのに、その間に頑張りすぎてしまうことだ。たとえば資格の勉強をしようとしたり、普段できない家事を行ったりするなど、せっかくの休みに働いてしまうと疲れはとれない。

心と身体を休める時間を意図的に作ることで、突発的な体調不良はなくなるので、自分のためにも子ども・周囲のためにも〝お休みする〟というタスクを1つ作るようにしよう。

スマートウォッチやウェアラブル端末で体調を見える化する

体力ゲージが見えにくい発達障害の人にとっては、自分の体がいったいどれくらいのコンディションなのかわからないことが多い。

そのため、どんどん疲れがたまっているにもかかわらず、体の悲鳴が聞こえないために、限界値の境界線を越えて寝込んでしまうのだ。そうならないために便利なガジェットを活用する手段もある。

スマートウォッチやウェアラブル端末を常に身に着けることで体調を監視してくれる。疲れとうまく付き合う上で大切なのは睡眠なので、おすすめはHuawei製だ。

筆者がいろいろと試した中で、Huawei製品は一番〝辛口〟で睡眠の質を採点してくれる。いたずらに満点が出ることはなく、90点以上とるためには相当睡眠の質を上げる必要がある。70点台や60点台が出ている日は意識してお昼寝タイムを作るなどして、体調管理に努めよう。

HUAWEI Bandであれば2週間ほど電池持ちするので、ずっと着けておくだけで体調を監視してくれる。ストレスレベルを測定してくれる機能もある。「今日は結構ストレスがたまっているから、早めに寝よう」という感じに、ストレスが見える化されるので対処しやすい。歩数や消費カロリーも計測してくれるので、運動不足かどうかもわかり健康を意識するきっかけにもなる。

なお、スマートウォッチやウェアラブル端末を着ける際、スマートフォンの通知が逐一届くと集中力が下がるため、通知はオフにしておこう。

おすすめ！体調管理ガジェット

ガジェット名	特　徴
Oura/ Oura Ring	●指輪型の体調管理デバイス ●睡眠の質・運動量・疲労度を毎日計測して知らせてくれる ●一度充電すると5日間は充電不要で、防水のため手洗いや入浴時も着けたままでOKなので、モノを失くしやすいADHDの人にも優しい
ガーミン/ vivosmart 5	●腕時計型の体調管理デバイス ●心拍数、呼吸数、歩幅などを計測し、身体の状態を教えてくれる ●ストレス計測という機能があり、安静時の心拍数の変化を計って、ストレスがかかっていた瞬間を知らせてくれる ●「ボディーバッテリー」という機能では、残り体力をゲームのステータスのように数値化して教えてくれる ●疲れを自覚できない・ついつい無理してしまう人におすすめのガジェット
サムスン/ Galaxy Watch3	●生理周期を記録して体調の変化を教えてくれる、女性のために開発されたスマートウォッチ ●血中酸素レベルや睡眠の質など、コアな部分まで健康管理をしてくれる ●一定時間動かなくなったときに緊急連絡先にSOSを発信してくれる機能がある
フリースタイル リブレ2	●自身の血糖値をオンタイムで測定できる装置 ●センサーは1個8,000〜9,000円程度で、２週間測定可能 ●腕にセンサーを装着する際はかなり勇気を必要とするが（かなり太い針を腕に刺す必要がある）、全然痛くないのでご安心を ●センサーを装着し、専用のアプリで血糖値を読み取ることで、24時間の血糖値推移を自動的にグラフ化してくれる ●たとえば、集中力が切れるタイミングが血糖値の乱高下から引き起こされていたり、朝の寝起きの悪さが実は寝ている間の低血糖が原因である場合など、血糖値から自分の体調の傾向が見えてくることもあるので、一度センサーを着けて調べてみると新しい発見があるかもしれない

第5章

育児に関するお金の不安を解消したい

育児にお金の悩みは付き物?!

発達障害の人は金銭管理が苦手なことが多く、育児中のお金は悩みの種になりがち。過度に不安を持つ必要はなく、しっかりと時間をとってお金と向き合うことで、実はだいたいの不安は解消される。まずはお金から目を背けないことが大事だ。

とにかくお金について心配！

対策
- 今使っているお金を見直す
- クレジットカードは限度額を低めに設定し、家計簿アプリに連動させておく

事例　後先考えずに妊娠しちゃったけれど……

あんまり後先考えずに妊娠しちゃったけれど、これから大丈夫かな。貯金もないし、物価も高いし、パートナーの収入もあまり期待はできないし……。

病院のお金だってかかるし、生まれた後もいくらかかるのかわからない。このままで大丈夫か不安。もし私が倒れたりしたらこの家、終わっちゃう！

原因　ADHDの人は金銭管理が苦手な人が多い

ADHDの人は**金銭管理**を苦手としている人が多く、つい衝動的に買い物をしてしまってお金を使いすぎてしまうこともある。

さらに、「10年後の未来を見据えて〇円お金が必要だから、毎月〇万円貯金しよう」と**長期の計画を立てて、逆算すること**が苦手な人も多く、あったらあった分だけ使ってしまうこともしばしばだ。

解決法　今使っているお金を見直そう

お金の不安がある人は、**まず自分が何にお金を使っているのかを見直そう**。

その上で、仮に赤ちゃんが生まれた場合、月々の支出はいくら増えるのかも想定すると不安も減るし、対策を講じることができる。自分がどんなお金の使い方をしているのか、134ページの「簡易版収支見直し表」に記入して確認しよう。

なお、もっと詳しく記入したい人は、読者特典としてより詳細な「収支見直し表」を提供しているので、そちらに記入してみよう（DLの方法は186ページ参照）。こちらは1年分記入でき、1年間のお金の流れが想定できる。難しい人は1カ月分だけやってみるだけでも全然違うので、試してみよう。

消費・浪費・投資の3つに分けて考える

お金の使い方は3種類ある。消費・浪費・投資の3種類だ。見直しの際のポイントになる。割合としては消費：浪費：投資＝7：1：2くらいを目安にするとよいといわれている。

消費は家賃・食費・光熱水費・通信量など、日々の生活に欠かせないものを指す。子どもが生まれることによって、ミルク代・離乳食代・オムツ代・保育園費用など

消費・浪費・投資の区分

家賃・食費・光熱水費・通信量など、日々の生活に欠かせないもの

買いすぎて腐らせた食材やお菓子、衝動買いして着なかった服、配信サービスなどの娯楽のサブスク、生産性のない飲み会代、旅行など日々の生活に必要のない余計な出費のこと

貯金、株などの金融資産、スキルアップのためのセミナー、資格取得費など

が追加される。

浪費は一番の見直しポイントだ。今契約しているサブスクを見直すことはもちろん、コンビニや自動販売機で使用しているお金や無駄な飲み会に使っている交際費や外食費などを見直してみよう。旅行や漫画の購入費など毎月定額で使っていないものはつい抜けがちだが、そのあたりも年間での金額を割り出し、月額換算して表に記入してみよう。

浪費はできる限り投資に回していく必要がある。ただし、浪費を完全にゼロにしてしまうと、あまりに生活がカツカツになってしまい、心の余裕もなくなってしまう。「無駄も必要」と割り切り、比率でいうと1割くらいは浪費を認めるようにしていこう。

投資は株式などの金融資産はもちろん、貯金や資格取得費用などの自己投資も含まれる。貯金は突然の事故や病気など不測の事態に備えて月収の3カ月分あれば安心といわれているが、貯金をしてもお金は増えることがないため、できる限り投資にお金を使っていくようにしよう。

当然、投資にはリスクが付き物なので、まずは「怖くない」範囲で投資をしていくことがポイントだ。詳細は144ページの「保険とか積立とか投資ってどうしていいかわからない!」を読んでほしい。

消費・浪費・投資の分類は非常に曖昧であり、人によっても異なってくる。絶対的な正解はないので、自分の感覚で決めていこう。

たとえば、日用品であっても買いすぎた結果捨ててしまったのであれば「浪費」だし、自己投資のためにと教材を大量に買ったのに、結局やらなかったのであれば、それも「浪費」としてカウントされる。消費や投資だと思い込んで「浪費」になってしまっている項目は即見直そう。

そして、月々の収支の見直しと同時に、出産時の一時的な出費についても書き出してみよう。おすすめはベビー用品の「anliette」のサイトで公開されている準備リストだ。

これら以外にも多種多様なリストが存在するので、「出産 準備リスト」「出産 買うものリスト」で画像検索を行い、自分に合うリストを見つけ、印刷し、見積金額を書き出してみよう。

クレジットカードは限度額を低めに設定し、家計簿アプリに連動させておく

クレジットカードをついつい使

最低限の出産準備リスト

カテゴリー	アイテム	必要数
衣類 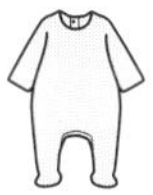	コンビ肌着・ボディ肌着（股下スナップ）	各4
	ドレスオール・ロンパース	2〜
	ガーゼハンカチ（入浴時・授乳時）	4〜
	おくるみ	1〜
寝具 	ベビー布団基本セット	1セット
授乳・調乳 	粉ミルク・液体ミルク	1★
	哺乳瓶	2★
オムツ関連 	紙オムツ	1袋
	おしりふき	3〜
	おしりふきのふた	1
洗濯グッズ 	ベビー衣料用洗剤	1
お風呂 	ベビーバス	1
	湯上がりタオル	2〜
	ベビーソープ	1
	ベビーローション	1
	綿棒	1
	爪きりハサミ	1
	体温計	1
お出掛け 	チャイルドシート	1
	抱っこひも	1
	バギー（車の場合はチャイルドシート）	1

★産後入院期間中に様子を見て購入がおすすめ
出典：anliette「最低限の出産準備リスト。新生児に本当に必要なおすすめアイテム」をもとに作成
URL：https://anliette.jp/blogs/baby-gift/childbirth-list#anker2

簡易版収支見直し表

	月収を入力↓		年収の目安を入力↓
月収		年収（目安）	

追加・修正OK↓	追加・修正OK↓	消費タイプを選択↓	支出先を入力↓	自動計算なのでここは入力しない↓

	カテゴリー	費目	消費タイプ	月支出	年支出（目安）	主な例
固定費	住居					家賃・住宅ローン返済費・管理費・修繕積立費など
	水道光熱費					水道・ガス・電気
	通信					ネット・スマホ・アプリ・固定電話
	保険					生命・火災・医療・学資等の各種保険・個人年金等
	自動車					自動車ローン・駐車場代・車検代・自動車税・自動車保険
	教育					保育費・教育費・習い事の月謝
	交通					通勤・通学の定期代など
	税金					国民健康保険・国民年金・住民税など
	貯金					積立貯金
	投資					積立投資
	その他					サブスクサービス等
変動費	食費					食材費・家族での外食費
	日用品					消耗品代・ミルク代・オムツ代
	交通					通勤・通学以外の移動費
	交際					食事会・プレゼント代など
	お小遣い					家族のお小遣い
	美容					美容院代・化粧品代・衣服費・クリーニング代など
	医療					診察代・薬代
	特別費					ご祝儀・ご香典・家電購入など
	娯楽・趣味					旅行

今月の合計支出		←自動的に計算される
今月の余り		←自動的に計算される

簡易版収支見直し表の記入例

月収	350,000	年収（目安）	4,500,000

	カテゴリー	費目	消費タイプ	月支出	年支出（目安）
固定費	住居	家賃	消費	80,000	960,000
		管理費・修繕積立金など	消費		
	水道光熱費	水道代	消費	10,000	120,000
	通信	インターネット	消費	5,000	60,000
		携帯電話	消費	5,000	60,000
	保険	生命保険		2,000	24,000
		火災保険		2,000	24,000
	自動車	自動車ローン	消費	30,000	360,000
		駐車場代	消費	5,000	60,000
	教育	保育料・教育費			
		習い事の月謝など			
	交通	通勤・通学の定期代など			
	税金	国民健康保険料	消費	5,000	60,000
		国民年金	消費	30,000	360,000
	貯金	積立預金	投資	10,000	120,000
	投資	積立投資	投資	10,000	120,000
	その他	サブスクサービス	消費		
変動費	食費	食材費	消費	50,000	
		外食代	消費	10,000	
	日用品	消耗品代	消費	5,000	
		ミルク代	消費	5,000	
	交通	通勤・通学以外の移動費	消費		
	交際	食事会	消費	5,000	
	お小遣い	家族のお小遣い			
	美容	美容員代	消費		
		衣服・服飾費	消費		
	医療	診察代			
	特別費	ご祝儀・香典など			
	趣味・娯楽	旅行			

今月の合計支出	315,000
今月の余り	35,000

家計簿アプリの特徴一覧

アプリ名	特徴
マネーフォワードME	• 連携可能な銀行やクレジットカードの数が豊富 • 自動で収支を分類、資産管理機能も充実 • キャッシュレス決済が多く、家計簿をつけるのが面倒な人向け
Zaim	• レシートの撮影で簡単に入力、銀行やカードとの連携、カスタマイズ可能な予算設定、家族と共有できる機能がある • 現金決済派やパートナーとのお財布は別々派の人向き
おカネレコ	• シンプルなデザインと操作性、広告が少ない、カレンダー形式での支出管理、オフラインでも使用可能 • 2秒家計簿というだけあって入力が簡単なので、気軽に始めてみたい人向け
マネーツリー	• 多数の金融機関との連携、セキュリティが高い、未来の収支予測機能、シンプルなデザイン • 経費と分けることができるので、フリーランスの人におすすめ

いすぎてしまい、引き落とし金額を見てびっくりした経験はないだろうか。クレジットカードは目に見える形で現金が減らないため、使いすぎてしまう。

カードを持たずに現金で生活するという手もあるが、キャッシュレス決済しか使えない店舗も出てきており、完全現金生活というのも不便になっている。

おすすめは**カードの限度額を低くして、2〜3枚所有すること**だ。たとえば、それぞれの限度額を5万円に設定し、1枚目のカードが限度額いっぱいになったら2枚目、2枚目がいっぱいになったら3枚目、という具合に、〝限度額〟というキャップを設けることで、「もしかしたら今月使いすぎかも」と気付くきっかけにもなる。

カードの限度額はカード裏面に記載してある電話番号に問い合わせれば変更してもらえる。

旅行などで大口の出費がある場

合に限度額5万円のカードだけだと厳しい場合は、電話で都度限度額の変更もできるし、絶対に日常では使わない限度額高めのカードを1枚所有しておくという手もある。

現金よりカードのほうが優れている点として、何に使ったのかがわかる点だ。頻繁にカード会社のサイトで明細を確認するのが面倒な人は、「マネーフォワードME」などの**家計簿アプリと連動させておく**とすぐに確認できて安心だ。

今月いくら何にお金を使ったのか、見えるようにするだけでだいぶ心持ちが変わる。金銭管理が苦手な人がまめに家計簿を付けようとしても挫折することが多いので、自動連係させておき、1日1回は確認するようにスマートフォンでリマインダーを入れておこう。

Column

断捨離で支出が減る?!

家がモノであふれかえってはいないだろうか。育児中は生活必需品が増えるため、当然ものが増えてしまう。

しかし、そんなときこそ断捨離が有効だ。断捨離にはメリットがたくさんある。不要なものがなくなり、家がスッキリするのはもちろん、捨てていく過程で「自分の無駄」に向き合うことになる。

「安いからと大量に買った服、全然着ていない」「読もうと思ったのに2年以上開いてすらいない本がある」「セールで買いだめしたお菓子の賞味期限が切れていた」という感じに、「自分の無駄」に気付くきっかけとなる。

私たちがモノを買ってしまうのは、「必要だから」という理由の他に、「何か満たされない想いを満たしたいから」という渇望感の解消を求めているからだ。しかし、冷静になればモノを買ったところで何かが満たされるわけではなく、仮に満足したとしても一時的な効果しか得られない。

断捨離をしていくことで、「安直に買うのはやめよう」と思えるようになるので、ぜひ挑戦してほしい。必要なものを、必要なときに、必要なだけ買うができるようになると、自然と出費も減るし、モノをより大切にするようになる。断捨離を1日でまとまった時間をとって行うと、かなりしんどいので、できれば毎日5分程度の「ミニ断捨離」時間を設けよう。テレビを観ながら5分断捨離、子どもを送った後に帰宅したら5分断捨離、帰宅後にお風呂がたまるまでに5分断捨離、といった具合にこまめな「捨て活」を意識しよう。

注意事項として、子どもやパートナーの物品を勝手に捨てることはNGだ。まずは自分のモノを断捨離していこう。

子どもと旅行に行きたいけれど、お金がない

対策

○ズボラでもできるポイ活を始める

事例

気付いたら毎月カツカツの生活に

子どもを産んで本当によかった。大変だけれど、かわいくて仕方ない。

子どもに使うお金はまったく惜しくないけれど、気付いたら毎月カツカツだなぁ。年に2回は旅行に行って思い出を作りたいのに。だからといって今以上にパートを増やすのも厳しいな……。どうしたらいいのだろう。

原因

優先順位を立てて守るのが苦手

前節でも紹介した通り、ADHD傾向の人はその衝動性からついお金を使ってしまうケースが多い。

さらに拍車を掛けて**優先順位を付けることが苦手**なので、3カ月先に旅行に行くことと、今子どもにガチャガチャをやらせることのどちらを優先すべきか、という判断をとっさにできないことがある。冷静になれば旅行に行くことを優先させるべきという判断はできるのだが、ふと気が付くと忘れてしまい、自分の本当の優先すべきことが抜けてしまう。

解決法

ズボラでもできるポイ活を始める

最初にやるべきことは**家計の見直し**である。前節に挙げた「収支見直し表」を使い、固定費を下げることはできないか、見つめ直してみよう。

その上で、気軽にできるポイ活

主なポイントサイト

●ワラウ

- 初心者でも貯まりやすいポイ活サイト
- 38種類のサイトから交換先を選べる

●モッピー

- 約30種類のサイトでポイントが貯まる
- 約50種類の交換先がある

●ハピタス

- 17年の運営実績がある
- 会員数510万人

●楽天リーベイツ

- 楽天アカウントがあれば、ログインするだけで登録できる
- よくお買い物するストアは「お気に入りリスト」に追加（登録）することでいつでもポイントバック率をまとめて確認できる

●LINEポイントクラブ

- LINEアプリ内で活用できる
- LINEサービスやLINE Payなどでポイントが貯まる

ポイント投資サービス

● 楽天証券

楽天ポイントを使って投資できる

● SBI証券

Tポイント、Vポイント、Pontaポイント、dポイント、JALマイル、PayPayポイントなど取り扱い多数

● PayPayボーナス運用（PayPay証券）

投資ではないが、ポイントを運用してポイントそのものを増やせる

もおすすめだ。「ポイ活」という言葉を聞くだけで辟易とする人もいるだろう。筆者もその一人だ。毎日ログインしたり、広告を見たり、アンケートに回答したり、この手の「何かアクションが必要」なポイ活はほとんどの場合、続かないのでおすすめしない（ASD傾向の人でルーティン化させることが得意な人には向いている可能性はある）。

こまめに毎日何かをすることが苦手な発達障害の人であれば、**自動でポイントが貯まるポイ活**を始めてみよう。代表的なのはクレジットカードによるポイ活だ。どうせお金を使うのであれば、賢くポイントも貯めてみよう。どのカードがよいか、という情報は世間にあふれているが、クレジットカードの作りすぎはかえってお金の管理が難しくなる。自分の目的に合致するものを選び抜いて、作るようにしよう。そして、前節でも述べた通り、使いすぎてしまう人は

限度額設定も忘れずに。

既にクレジットカードでポイ活をしている人は、ネットで買い物をする際はポイントサイト経由で買うのもひと手間でできるため、続けやすい。ポイントサイト経由で購入することで、ECサイトのポイント＋ポイントサイトのポイント＋クレジットカードのポイントが付与され、かなりお得感がある。

こうなるとさらにポイントが高くなる日を狙ってまとめ買いをしたくなるが、これはあまりおすすめしない。必要なものだけを買うのであれば問題ないが、「ポイントが付くから」といって買いすぎてしまうことが多いからだ。

まとめ買いをする際は買い物リストを事前に作成し、それ以外は絶対に買わないという鉄の掟を守るようにしよう。

また、**ポイント投資**もおすすめだ。貯まったポイントを使って投資ができる。投資なのでもちろん減るリスクもある。ただ、自分のお金を使う投資よりもハードルが低く、「増えたらラッキー」という気持ちで取り組めるのが利点である。証券会社の口座を開設するハードルがあるが、PayPayボーナス運用であればそういった手間も不要だ（ただし、PayPayボーナス運用は投資ではなく、増えてもポイントでしか戻ってこない）。

他にもポイ活とは少し異なるが、ふるさと納税もやっていない人はぜひ始めてみよう。実はふるさと納税の返礼品でホテルや旅館の宿泊ができたり、現地で食事ができたり、観光名所のチケットにすることもできる。

お得に旅行に行ける方法を探す

いつも使う旅行会社が決まっている人であれば、**旅行会社の積立プラン**もおすすめだ。普通に貯金するよりもお得に旅行資金を積み立てできる。満期が来たタイミングで「そろそろ旅行に行こうか」というよいきっかけにもなる。

ただし、その旅行会社でしか使えないのが最大のデメリットなので、「とにかく安くてお得に行きたい！」という人にはあまり向かない。コスパ重視の人はTravelzoo（トラベルズー）でお得ツアーを探したり、楽天セールを狙って楽天トラベルから予約したり、各旅行会社がやっている年始の初売りセールや、格安航空のセールなどで探すほうが安くなる。

節約に役立つ神サイト・アプリ

● おさがりLynks

- 子ども服やおもちゃの「おさがり」を購入できるサイト
- 寄付により成り立っており、1点当たり手直し料金の330円と服の送料だけで譲ってもらうことが可能(1回当たりの上限は20サイズ)

● メルカリ

- 定番中の定番
- おさがりを買う、おさがりを売ることはもちろん、ハンドメイド品を売ったり、お得に買い物ができたりと利用方法は無限大

● マネーフォワードME

数ある家計簿アプリの中でも評価が高く、クレジットカードや銀行口座と連携した自動取得により、お金の使用状況が見える化できる

● ジモティー

- 地元情報が集まっているサイト
- ペットの里親募集から、中古家具を無料で引き取ってほしいという募集、ママ友募集、地元イベント情報など、多種多様な地元情報が集まる

●トクバイ

その名の通りスーパーの特売情報がわかるアプリ

●トリマ

歩くだけでポイントがもらえるアプリ

●さとふる

- ふるさと納税の鉄板サイト
- 取り扱いが多い

●マチイロ

- 住んでいる自治体の情報がわかるアプリ
- 見落としがちな支援制度やイベントなどの情報を収集できる

保険とか積立とか投資ってどうしていいかわからない！

対策
- 資産形成のコツをつかむ
- 積立NISAで投資信託を購入する

事例
投資はなんとなく不安

子どもも生まれたし、ちゃんとお金と向き合ったほうがいいよね。毎月子ども用に少しずつ貯金はしているけれど、資産運用したたほうがよいいんだろうなぁ。

NISAとかもよくわからないし、投資はなんとなく不安。どうやって勉強したらいいの？

老後は2千万円必要というし、貯金だけしていても絶対無理な気がする。不安だよ～！

原因
新しいことを始めるのにハードルを感じる

発達障害の人は**新しいことを始めるのにハードルを感じる**人が多い。ASD傾向の人であれば**想定外や新しいことが苦手**という人が多く、ADHD傾向の人は新しいことは結構好きでも、**手続きが発生した途端、たちまち面倒になり放置してしまう**こともある。

お金についてはリテラシーを高める必要もあるが、漠然と「面倒だな」と思ったり、「怖いな」と思って踏み出せないことで、貯金・節約以外で資産を形成しようと思わなくなってしまう。

解決法
お金の勉強を始める

お金について向き合うことを漠然と避けてきた人もいると思うが、現在の日本の状況として、お金と向き合うことは必須ともいえる。確かに面倒だし、基本的には「正解」が決まっているものではなく、必ずリスクも発生するが、しっかりとマネーリテラシーを身に付けておくことで20年後30年後の生活が一変する。

　そのためには**面倒であってもお金の勉強を始める**必要がある。嘘つきは泥棒の始まりではなく、面倒は貧乏の始まり、なのだ。「私の収入ではとても資産形成なんて……」と思う人こそ、月に1000円からでもよいので投資を始めてみよう。

　子どもが生まれたタイミングは、お金と向き合うのに最適なタイミングでもある。この子が大きくなったら、自分が年をとったら……、子どもが生まれることで未来を想像する機会が増える。未来を見据えたときに、やはり「お金」が大事であることはいうまでもない。

　資産形成は早ければ早いほどよいといわれているが、今日が残りの人生で一番若い日である。今日からお金と向き合ってみよう。

資産形成のコツをつかむ

リスクを極力減らすには、次の3つのポイントを押さえよう。

- 長期的な積立式（毎日見る必要はない、ほったらかし投資）
- 楽天証券やSBI証券など、大手の証券会社で取り扱いがあるもの（金融庁の登録がないものは厳禁）
- 複利を大切に

　FXや株式をデイトレードのように毎日売買することはおすすめしない。大きく勝つこともあるが、反対にいうと大きく負けることもある。その上、時間と思考の大部分が「お金」で占められてしまう。あまりに気にするがために、人生の大部分をチャートと向き合うことに使ってしまっては、本末転倒である。トレーダーになる人以外は、**積立式で投資していくこと**が一番簡単で着実な方法といえる。

　ネット上には「あっという間に資産形成！」「数年でFIRE（早期リタイアのこと）を目指せる！」「リスクゼロ！」など、甘い誘い文句が多く出てくる。短期で結果が出ることは大概リスクが伴うし、リスクゼロはありえないので注意したほうがよい。

　また、この手の謳い文句で高額なレクチャー料をとるケースも多くある。それだけでなく、完全に詐欺というケースもまれにある。筆者も過去、すすめられるがままに海外の投資信託を購入し、結果詐欺だったという苦い経験がある。

　このような悲劇を起こさないためにも、投資をする際は楽天証券やSBI証券といったいわゆる**「大手」で取り扱いのあるものだけをチョイスすべき**である。特に金融庁の登録がない金融商品は絶対に避けるべきである。金融庁の登録があれば絶対安心というわけではないが、そうでないものはかなり危険とみて間違いない。

目先の結果を出すことにこだわりすぎると、極端に視野が狭くなり、正常な判断ができなくなってしまう。投資は長期で結果をもたらしてくれるもの、ということを心にとめておこう。

投資の一番の醍醐味は「**複利**」である。かのアインシュタインも「人類最大の発明は複利だ」と言ったくらい、複利の力は絶大だ。最初はほとんど増えなかったとしても、複利の力でコツコツとあなたの資産を増やしてくれる。

積立NISAで投資信託を買おう

投資には正解はない。未来に何があるかはわからないから当然だ。歴史を振り返ってみても世界恐慌・バブル崩壊・リーマンショックなど、突然の不況に憂き目をみた人はごまんといる。

正解がわからないからこそ、「長期・分散・積立」で着実に資産形成をしてほしい。仮にリーマンショック級の大不況が来たとしても、長期で積立を続ける限り、最終的にはかなり増えている可能性が高い（大不況が来てもやめないことが大事）。

迷う場合は次ページに挙げたおすすめ銘柄を参考にしてほしい。

「わけがわからない！」という人は「**ウェルスナビ**」もおすすめだ。リスク許容度のアンケートに回答し、月々の金額を決めたら後はAIが最適な投資をしてくれる。手数料はかかってしまうが、お手軽さは抜群だ。

また、NISA口座を開設していない人は口座を開設して、NISA設定することもお忘れなく。NISAは投資で得られた利益が非課税になるという大きなメリットがあるので、NISA口座を開設し、積立投資を始めるとよい。

おすすめユーチューブチャンネル

お金の勉強と考えるだけで気が重くなる人は、本やセミナーを受ける前にユーチューブでの動画学習もおすすめだ。初心者向けにわかりやすい動画が多数あるので、隙間時間に見てみよう。

- 両学長リベラルアーツ大学：アニメでわかりやすく解説してくれており、動画も1本当たり20分と短めで初心者におすすめ
- 中田敦彦のYouTube大学：お金以外に歴史・文学・宗教・哲学、あらゆるジャンルを面白くわかりやすく解説してくれている
- BANK ACADEMY：NISA口座の開設方法など、超初心者向けの動画が多数。一番つまずきがちな手続き関係も動画にしてくれている

おすすめ銘柄

銘　柄	特　徴	投資対象
eMAXIS Slim 全世界株式 (オールカントリー)	• 世界中の株式市場に広く分散投資するインデックスファンド • 地理的な分散投資により、リスクを低減しつつ、世界経済の成長を享受できる • 手数料も低コスト	全世界の株式市場（先進国から新興国まで）
楽天・全世界株式インデックス・ファンド	• 楽天証券が提供する全世界の株式市場に分散投資するインデックスファンド • 手数料も低い。	全世界の株式市場（MSCIオールカントリーワールドインデックスに連動）
債券	• 国や企業が資金調達のために発行する有価証券で、利息が定期的に支払われる • 株式のような高いリターンは期待しにくいが、株式よりリスクが低く、安定した収益を見込める	国債、地方債、社債など
eMAXIS Slim 先進国リート インデックス	• 先進国の不動産市場に投資するインデックスファンド • 不動産の高い配当が期待できる一方、不動産市場の影響を受けるというリスクもある	リート（不動産投資信託）を通じて、オフィスビルや商業施設などの不動産
eMAXIS Slim バランス	• 株式や債券など複数の資産クラスに分散投資するバランス型ファンド • 1つのファンドで分散投資ができ、リスクヘッジができる	国内外の株式、債券、リートなど複数の資産クラス

離婚したいけれど、経済状況的にためらっている

対策
- マインドマップで思考の幅を広げる
- 現実的なプランを書き出してみる
- 働けそうな求人があれば応募して自分の市場価値を知る

事例　離婚したら生活が成り立つのか不安

ずっと我慢してきたけれど、もう限界。毎日のようにモラハラされるし、さすがに耐えられない。ついに子どもにまで手をあげてきたし、子どものためにも離婚しよう。

でも私、ほとんど働いたこともないし、このまま離婚して生きていけるのかな。子どもだっているのに、不安しかない。

原因　我慢強く耐える人が多く、修復不可能な状態に

発達障害の人は**他人に対して過度に寛容な**人がいる。過去に怒られたり、嫌われたり、無視されたりとつらい経験をしてきたが故に、他人に対しては多少相手が悪くても「自分が悪い」と決め込み、我慢してしまうのだ。

その結果、さらに自分に対して自信が持てなくなり、本当に耐えられないというレベルに達しないと、行動に移せない。夫婦関係で一方が過度に我慢をしてきた場合、ある日突然爆発し、そのときには修復不可能になっているケースがある。一方で、子どもがいるとなかなか離婚を切り出せず、さらに我慢を続けることもある。

発達障害の人にありがちな性質として、「**〇〇するしかない思考**」がある。「こうなったら離婚するしかない」「離婚はできないから我慢するしかない」といった具合に、過度に偏った思想に陥りがちだ。本当にそれしか解決策がないのか、一歩引いて考えてみよう。

マインドマップの例

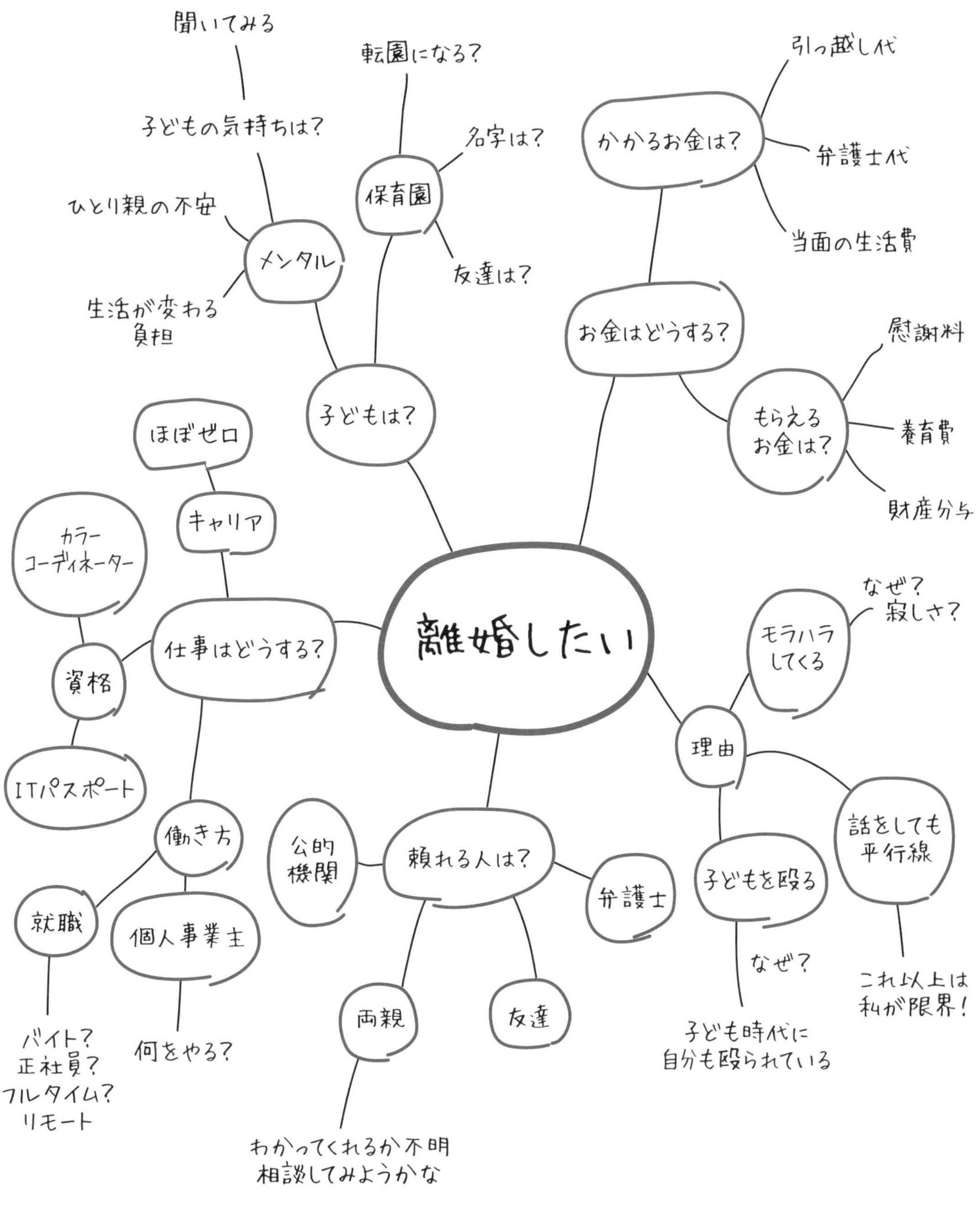
離婚したい
子どもは？
保育園
転園になる？
名字は？
友達は？
メンタル
子どもの気持ちは？
聞いてみる
ひとり親の不安
生活が変わる
負担
お金はどうする？
かかるお金は？
引っ越し代
弁護士代
当面の生活費
もらえる
お金は？
慰謝料
養育費
財産分与
仕事はどうする？
キャリア
ほぼゼロ
資格
カラー
コーディネーター
ITパスポート
働き方
就職
バイト？
正社員？
フルタイム？
リモート
個人事業主
何をやる？
頼れる人は？
公的
機関
両親
わかってくれるか不明
相談してみようかな
友達
弁護士
理由
モラハラ
してくる
なぜ？
寂しさ？
子どもを殴る
なぜ？
子ども時代に
自分も殴られている
話をしても
平行線
これ以上は
私が限界！

解決法 マインドマップで思考の幅を広げる

離婚をしたいと考えているということは、かなり重たい悩みを抱えている状態だ。人は悩んでいるときに視野が極端に狭くなってしまい、このときに建設的な解決策を講じようとしてもなかなかうまくいかない。

まずは自分の悩みを可視化して、自分がいったいどういう状況なのかを整理してみよう。

そのときに役立つのが**マインドマップ**だ。前ページの図のように真ん中に核となる言葉を置いて、その後は連想ゲームのように書き出せばいい。難しく考える必要は一切ない。

これをやることで本当に離婚しか手段がないのか、反対に離婚できずに悩んでいる人は本当に離婚ができないのかを考えてほしい。

その上で、離婚するためにはやらなければならないことがたくさんある。マインドマップを書くことで何をやらなければならないか、おおまかな道筋が見えてくる。

現実的なプランを書き出してみる

マインドマップを書いたら、次ページの図のように**実際に何をするべきなのか**を箇条書きでよいので書き出してみよう。いつやるのか、日付まで入れていくことが大事だ。

さらに離婚となると情報収集が最も重要になる。ユーチューブやSNSなどで離婚の情報を仕入れるだけでなく、離婚後にいったいどういう支援が受けられるのかも調査しておこう。「見える化」することで不安が払しょくされる。

働けそうな求人があれば応募して自分の市場価値を知る

人生の選択肢を増やすために、一番大事なのはやはりお金だ。働ける自信がなくて離婚ができないという人もいるし、離婚後の生活について不安に思わない人はほとんどいない。

まずは、**今の自分であればいったいどんな仕事に就けるのか**、調べてみよう。子どもが小さくて外で働くのが難しい人は、**クラウドソーシング**で業務委託として働く方法もある。どこかに就職するのではなく、案件を受注し報酬を得る方法だ。ウェブライティングや事務作業、デザイン、コンサルなど多岐にわたる。他にもオンライン秘書やアシスタントなど、クラウドソーシングで働くチャンスは年々増えている。主なクラウドソーシングのサイトを154ページに挙げたので参考にしてほしい。

もちろん、外で働ける人は求人情報を見てみよう。パートで働くのか、正社員で働くのか、自分と子どものライフスタイルを加味して考えてみよう。

そして、実際に仕事に応募してみよう。可能であればクラウドソーシングで実際に仕事を請け負ってみたり、パートでもよいので働いてみることもやってみてほしい。「自分で稼いだ」という事実が、自信をもたらしてくれる。

スキルに自信のない人は自立支援教育訓練給付金制度を活用し、資格やスキルを取得することもできる。ひとり親を対象に、雇用の安定・就職の促進を目的に作られた制度で、教育にかかった経費の60％が支給される。利用するためには条件などがあるため、気になる人は調べてみよう。

「実際に何をするべきなのか」書き出した例

- □無料の法テラスに相談しに行く！
- □市のDV被害窓口に相談しに行く
- □親に電話で相談してみる
- □緊急時の避難場所を調べる
- □モラハラの証拠を集める
- □在宅でできる仕事がないか探す
- □もしものために引っ越し先を想定する
- □生活費の想定をする
- □共有財産を把握する
- □住宅ローンの残高と持ち家の価値を確認する

公的補助にどんなものがあるのかは自治体の福祉課に問い合わせる

ひとり親になった場合、公的補助を受けられる可能性がある。住んでいる自治体の福祉課に問い合わせて、どんな補助が受けられるのかを確認しよう。また、DVなどの深刻なケースの場合は、大概の自治体に相談窓口があるので、そちらに状況を伝えることも大事だ。

次ページに受けられる支援を挙げておくので、自分が支援の対象なのかを確認し、いくらもらえるのか、いくら減免になるのかを調べてみよう。

金額	申請先	メモ

ひとり親家庭が受けられる公的支援制度一覧

	項目	対象
もらえる・借りられるお金	児童手当	
	児童扶養手当	
	母子寡婦福祉貸付金	
	児童育成手当	
	住宅手当	
	就学援助	
	奨学給付金	
	特別児童扶養手当	
	障害児福祉手当	
	生活保護	
免除・減免されるお金	所得税寡婦控除	
	住民税寡婦控除	
	国民健康保険	
	ひとり親・子ども医療費助成	
	保育料	
	交通機関の定期代	
	水道代金	
	粗大ゴミ手数料	
	母子生活支援施設	
生活サポート	家事援助・保育のための支援員派遣	
	トワイライト・ショートステイ	
	子どもの学習支援	
	ファミリーサポート	
	学童保育優先入所	
就職サポート	就業支援	
	就職先紹介	
	職業訓練	
	自立支援教育訓練給付金	
	高等職業訓練促進給付金	

主なクラウドソーシングサイト

● クラウドワークス

- とにかく案件数が多く、データ入力や文字起こしなどの未経験でもできる案件もある
- 月3,000円以上の報酬を得ているワーカーは福利厚生を受けられる特典もある

● ランサーズ

- 案件数はクラウドワークスに劣るものの、ワーカーへのサポートが手厚い
- フリーランスで働くのに大事な税務のサポートや、ワーカー同士の交流ができたりと手厚い

● ビザスク

- 自分の専門性を1時間単位のコンサルとして販売できるので、専門分野を持っている人には最適
- 専門性がない人もインタビューを受けるといった調査系の仕事もある

● ココナラ

- スキルをECサイト風にわかりやすく販売している
- イメージはメルカリのスキル版
- 占い・Webデザイン・動画編集・イラストなど、分野は多種多様

第6章

育児と仕事を両立したい

出産前と同じように働こうとしない

出産前は「残業上等！」という人も、子どもが生まれるとそうもいかない。限られた時間の中でどう働くのか、仕事と向き合う必要がある。仕事のために人生があるわけではなく、人生を豊かにするために仕事があると割り切り、上手に向き合おう。

仕事と育児の切り替えが難しい！

対策

- 切り替えの儀式を持つ
- 他の思考が浮かんだら、メモにアウトプットする

事例　子どものことが気になって仕事が手に付かない

今日も何とか子どもを保育園に預けて出社できた。でも、預けるときに泣いていて、かわいそうだった。あの後、保育園でうまくやっているかしら。

仕事をやらなければいけないのに、子どものことが気になってしまう。考え事をしている間にもうこんな時間。今日も仕事が終わらなかった。どうしよう。

原因　物事の切り替えが苦手

育児と仕事に限らず、発達障害の人は**切り替えが苦手**な人が多い。思考のモヤモヤが頭の中をグルグルと回り、本来集中すべきことになかなか集中できず、頭の中が多動状態という人も多いだろう。

育児と仕事の場合は、仕事中に育児のことを考え、育児中に仕事のことを考えてしまう人も多い。

このループに入ってしまうと、仕事にも育児にも集中できず、葛藤ばかりが高じてしまう。

解決法　切り替えの儀式を持つ

仕事は仕事、育児は育児で切り替えよう、といわれても急に切り替えるのは難しいので、**自分なりの「儀式」を持ち、この儀式をすることでスイッチを切り替えていく**方法がおすすめだ。たとえば、「電車に乗った瞬間に仕事モードになる」「出社したらすぐにトイレに行って鏡を見ることで仕事モードにする」「アロマを嗅ぐ」など、

何でもいいので〝仕事をする場合に必ずやる行動〟が儀式として好ましい。

儀式を行って仕事スイッチをONにすることで、育児モードから仕事モードへ切り替えていこう。仕事モードをONにするために、リモートではなくあえて出社を選ぶのも1つの手だ。自分にとって一番集中できる場所・環境を見つけ、整えることが大事だ。脳の性質上、何度も繰り返すことで「仕事モード」への切り替えが習慣化できる。

他の思考が浮かんだら、メモにアウトプットする

仕事モードにしていても、ときどき子どものことが思い浮かんだり、逆に育児中に仕事のことが思い浮かんだりすることもある。

そうしたときは単純に、「**メモに書いて脳の外に出す**」ことを実践しよう。メモはスマートフォンのメモでも紙のメモでも構わないので、自分がやりやすいものを選ぼう。

紙に書かないと思い浮かんだ思考が延々と脳の隅っこに滞在し、脳のワーキングメモリを圧迫する。「こんなこと思わずに仕事に集中しなくては」と思考をかき消そうとするのではなく、さっさと紙に書いてしまったほうが頭はクリアになるので、ちょっとしたことでも書いてみよう。

そして仕事が終わってからメモを見返して「あ、オムツを買うんだった」と思い出せばよい。

アウトプットしたメモの例

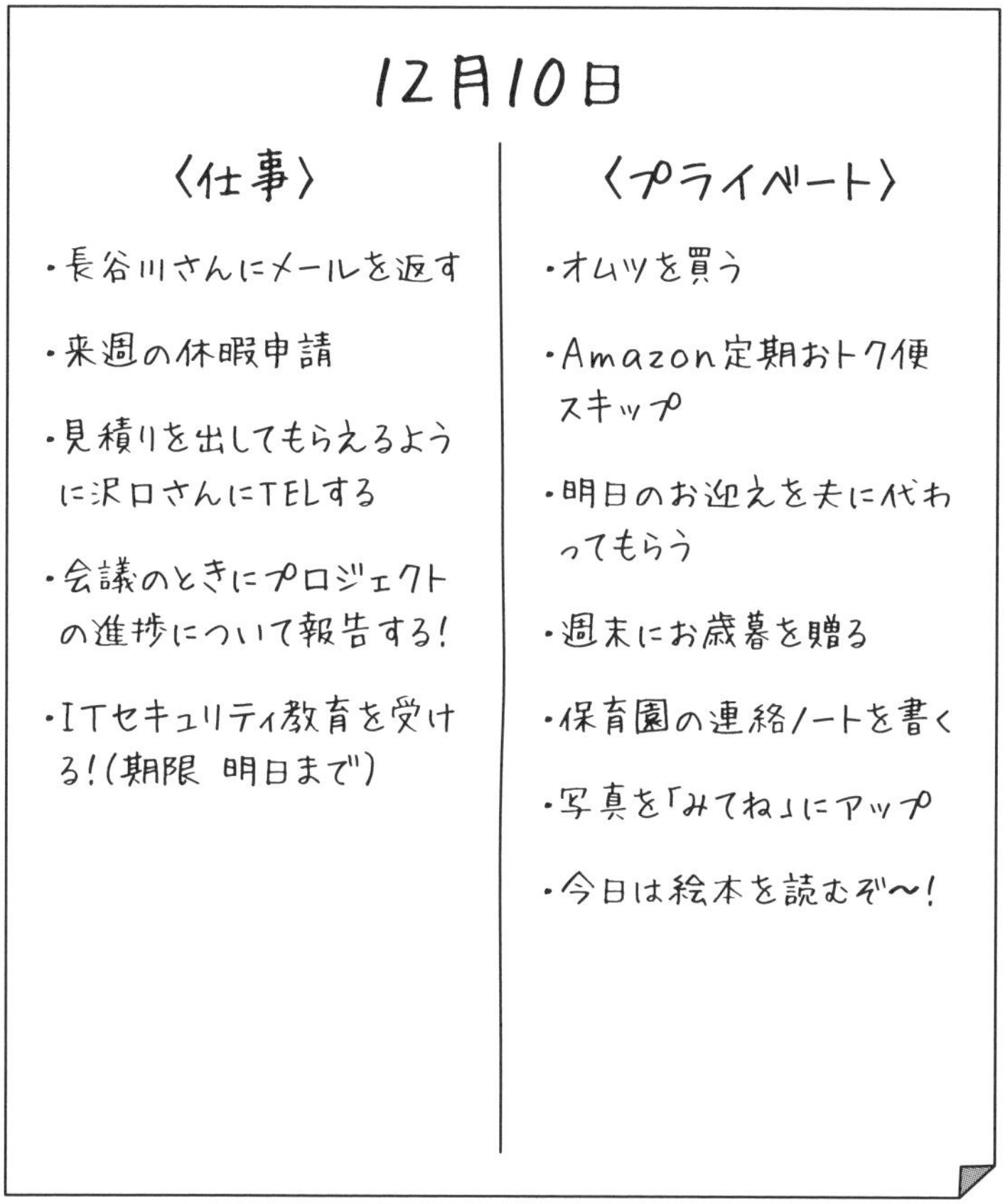
12月10日
〈仕事〉
・長谷川さんにメールを返す
・来週の休暇申請
・見積りを出してもらえるように沢口さんにTELする
・会議のときにプロジェクトの進捗について報告する！
・ITセキュリティ教育を受ける！（期限 明日まで）
〈プライベート〉
・オムツを買う
・Amazon定期おトク便スキップ
・明日のお迎えを夫に代わってもらう
・週末にお歳暮を贈る
・保育園の連絡ノートを書く
・写真を「みてね」にアップ
・今日は絵本を読むぞ〜！

産休、育休で長くしまって、復帰が心配

対策

- 元に戻ろうとするのではなく、「新しく始める」という気持ちで復帰する
- 完璧主義を手放す

事例 前と同じように働けるだろうか……

産休、育休とこんなに長く仕事を離れたことがなく、来月から復帰だけれど元通り働けるか心配だなぁ。

昔は夜遅くまで残業していたけれど、これからは保育園のお迎えだってあるし、元通り仕事ができるかすごく不安。体力も落ちているだろうし、仕事の細かい流れも忘れちゃった。

このままだと職場の人に迷惑をかけてしまう。早く前と同じように働けるといいな。

原因 完璧主義が不安とフラストレーションをためる

ASD傾向の強い人は**完璧主義**であったり、**独自のこだわり**を持っていたりする人が多く、仕事に対しても「ねばならぬ」思考を持ちがちだ。出産後も以前の自分と同様に働かなければならないと考えており、その結果、不安を抱えたり、以前と同じように働けない自分に対してフラストレーションを抱えたりしてしまう。

解決法 元に戻ろうとするのではなく、「新しく始める」という気持ちで復帰する

産休前の自分に「戻ろう」とするのではなく、新しく就職した気持ちで、**働き方もゼロベースで構築していこう**。戻ろうと思っていても、体力面や時間的制約のため、完全に元通りに復帰することは不

可能に近い。「早く元通りに戻さなきゃ」と思うと、どんどん焦ってしまい、自分を責めてしまう。そのため、「戻る」という考えではなく、「新しく始める」という気持ちで職場に復帰するとよい。

仕事をバリバリやってきた人ほど、復帰後のギャップに悩むことが多い。出産前の自分と比較すると、「昔はもっとできたのに」と落ち込んでしまいがちだ。昔の自分と比較するのではなく、「新たに働く」という気持ちで復帰しよう。

完璧主義を手放す

ASD傾向の強い人は完璧主義であったり、仕事へのこだわりが強かったりして、以前と同じ働き方ができないことにフラストレーションを抱いてしまいがちだ。**過去の自分と比較せず、仕事への向き合い方について自分なりに折り合いをつけていく必要がある。**たとえば、仕事で100点を求めず、仕事50点・育児50点で合計100点であればよい、と割り切るなど、「これでいいのだ！」と思えるように、仕事への向き合い方をアップデートしていこう。

程よく〝諦める〟ことも必要だ。〝諦める〟というと抵抗を持つ人もいるかもしれないが、〝諦める〟の語源は「明らかにする」にあるといわれており、限られた時間で自分にどこまでができて、どこからができないのかを明らかにしていくことは必要だ。これまでと大きく環境が変わっているのだから、働き方も変わって当然なのだ。過去の自分と比較してできないことを責める必要は一切ない。

そして、長期休暇からの復帰は働き方を変えるよい機会なので、これまで人に頼らず、自分一人で仕事を進めてきた人も、積極的に周囲に声かけしてみるなど、〝人を頼る〟こともスキルとして身に付けていこう。たとえば、保育園からの急な呼び出しがあったときに「申し訳ない」と思うのではなく、「仕事を代わってもらえてありがたい」という気持ちを持ち、別の機会にリカバーしていけばよい。「子どもを産んだことで働き方が180度変わったが、それでよかったと思う」「子どものおかげで人に頼ることを覚えられて、感謝している」「仕事以外の大切なものを見つけられてよかった」という声も当事者からはよく挙がっている。これまでの完璧主義を手放して、人生という広い観点で見た最適化を目指そう。

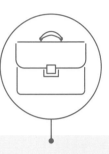

出産を機に仕事を辞めたけれど、再就職したい！

対策

○まず自分がどうしたいのか、内省から始める

事例 出産後にまた働きたいと思ったが……

事情があって産休をとらずに出産を機に仕事を辞めたけれど、出産後はまた働きたいなぁ。

でも就職活動中、子どもはどうしたらいいだろう。保育園に預けられるかな？

子どもが大きくなるまで待っていたら、相当キャリアが空いてしまうからそうするわけにもいかないし。わぁ、焦ってきた！

原因 育児と就活と保活の同時進行

育児中は毎日子どもの世話だけでも大変だ。特に子どもが小さいうちは目が離せず、履歴書を書く時間を確保するだけでも一苦労だ。

就職活動を本腰入れて行うためには、子どもを保育園に預けることが望ましいが、自治体によっては簡単に保育園に入れないのも現実だ。

となれば、保育園に入れるための活動、いわゆる〝保活〟をやる必要がある。育児に保活に就活となると、普通の人でもかなりハードだが、**マルチタスクが苦手・長期計画が苦手**な発達障害の人にはさらにストレスとなる。

解決法 まず自分がどうしたいのか、内省から始める

育児をやっていると、とてもじゃないが自分の人生についてじっくりと考える時間もない人が多いだろう。子どもは確かに宝だし、

育児を頑張っているあなたは本当に偉い。

ただ、覚えておいてほしいのが、子どもも大事だけれど、あなた自身も宝物だし、あなたの人生は子どもを産んでも自分が望むように歩んでよいということだ。

だから、忙しい育児の合間を縫って、たとえ1時間でもよいので、**自分の人生について考える時間を作ってほしい**。「取りあえず」で働きに出てもよいのだが、仕事だって人生の一部、本当に自分が何を求めているのかを明確化していこう。

たとえば、就職してガッツリ外で働きたい人もいれば、在宅で働いて家族との時間を優先させたい人もいるだろうし、いっそのこと、起業する人だっている。

育児が忙しいと子ども最優先の生活になってしまうが、少しでよいので、自分と対話する内省の時間を持ち、何をやりたいのか明確化してみよう。もちろん、自分の希望通りになるとは限らないが、事前に希望を明確化することで、実際に働いてからの「やっぱり違った！」というミスマッチが少なくなる。

就職したい人は保活を早めに

外で働きたい、という人は就職活動の時間を確保するためにも、**子どもを保育園に預けることを視野に入れよう**。求職中の人も保育園に預けることは可能だ。ただし、自治体によって条件があり、預けてから2～3カ月以内に仕事を決める必要がある。この期間に決まらないと、一度退園となってしまうので注意しよう。

就職が決まってから保育園に預けるという手段もあるが、これだと、せっかく就職が決まったのに、最悪保育園に預けられなかったときには、仕事を諦めることになっ

Column

子どもから離れるのは
いい機会だと割り切る

意外にも多くの発達障害の人から挙がるのが、「仕事のおかげで子どもと強制的に距離がとれることにより、育児がうまくいっている」という声だ。仕事があることで子どもとの時間が犠牲になっていると捉えるのではなく、仕事があるから限られた子どもとの時間を大切にできるという考え方を持とう。

24時間365日“母親”“父親”を続けることは容易ではない。仕事中は“自分”としていられる時間であり、仕事に集中することがかえって子どものためになったりする。

てしまう。そのため、就活と保活なら、保活を先に始めたほうがよい。

　とはいえ、求職中の人と、実際にフルタイムで働いている人であれば、後者のほうが保活も有利だ。待機児童の多い自治体に住んでいる場合、保活は早めに情報収集して、動く必要がある。

　認可保育園への入園可否は「指数」（ポイントのようなもの）で決まるが、医者から発達障害の診断を受けて障害者手帳を取得している人ならば、この指数に加点が入るため、保育園へ子どもを預けやすくなる。実際、専業主婦でも保育園に預けられる可能性もあるので、自分の住んでいる自治体の制度をしっかりと確認しよう。さらに保育料が減額になる自治体もあるので、手帳取得者は要チェックだ。

　手帳を持っておらず、求職中で、なかなか認可保育園に預けられない場合は、ベビーシッターや認可外保育園、認可保育園の一時保育も検討してみよう。

　費用はかかってしまうが、「求職活動関係役務利用費」という制度もある。これは、雇用保険の受給資格者等であれば、就職活動中の保育費を8割給付してもらえる制度だ（1日当たりの支給上限額6400円）。条件があるので、ハローワークで自分が対象になるのか聞いてみよう。

在宅の仕事を探してみる

　コロナ禍以降、在宅でできる仕事もかなり増えてきた。151ページでも解説したが、クラウドワークス、ランサーズ、ビザスクといったいわゆる「スキルシェア」で働く形もある。会社に所属するのではなく、一部業務を受注して働くというやり方だ。スキルを持っている人であれば、自分のペースで仕事を受注できるので、おすすめだ。

　こういったサイトで「自分にできそう」という仕事が見つからなかった場合、「ココナラ」がおすすめだ。ココナラは自分が売れるスキルを出品する、というやり方が主流だ。ウェブサイト作成や動画編集というIT関係の専門的なものから、お悩み相談にのるとかナレーション、イラスト、占いなど、多種多様な出品がある。きっとあなたの得意分野もあるはずだ。

「ココナラ」は多様なカテゴリーから自分の得意分野を探すことができる

第7章

人間関係の悩みを解消したい

人間関係は人生を豊かにしてくれる

子どもが生まれるとこれまでの人間関係が変わってしまうことはよくある。パートナーとの関係、友人との関係、新しいママ友との出会い……。他人を変えることに注力するのではなく、自分が変わることで人間関係を豊かにしていこう。

子どもができてから パートナーとの関係がギクシャク

対策

- 自分のモヤモヤをノートに書いて思考の断捨離をする
- 自分のネガティブパターンを把握し、ルールを書き換える
- 先感謝の法則で相手と接する

事例 夫に対するイライラが増えてきた

子どもができてから、なんだか夫に対してイライラすることが増えてきた。私がこんなに大変なのに、なんでもっと手伝ってくれないの。少しは私の気持ちをわかってよ。

腹が立つからつい冷たくあたってしまう。最近は関係がギクシャクしてきたし、むしろ夫が家にいないほうがストレスも減るかも。

原因 自分の気持ちを伝えるのが苦手

発達障害の人は、**自分の気持ちを言語化するのが苦手**なことが多い。

その結果、ストレスがたまってしまい、人間関係に支障をきたしてしまうことがある。

特に育児中はただでさえやることに追われており、肉体的にも精神的にも余裕がない。そのため、相手に対しても余裕のない態度をとってしまうことがあり、人間関係が悪化することもある。

特にASD傾向のある人に多く見られるのが「**べき思考**」である。「育児とはこうある〝べき〟」「パートナーはこうする〝べき〟」という思考が根底にあり、ASD傾向の人に多い「こだわり」ともいえる。

自分の持っている「こうあるべき」から外れた際に、ASD傾向の人はかなりのストレスを感じてしまう。その矛先が自分に向くこともあれば、周囲に向くこともある。

さらに追い打ちをかけるのが**「白黒思考」**で、0か100か、○か×かの極端な思考のことだ。自分のルールやこだわり、ポリシーから少しでもずれてしまうと、すぐに×を付けてしまう。「ほどほどでもいい」という曖昧な状態が苦手なので、完璧主義に陥りがちだ。

その結果、自分にも周囲にも完璧を求めてしまい、自分にも相手にも寛容さに欠けてしまう。

解決法　自分のモヤモヤをノートに書いて思考の断捨離をする

パートナーへの不満だけでなく、育児中のストレスは**言語化してノートに書いてみよう。**

実は、「何に悩んでいるのか、何に腹が立っているのか」が見えていないモヤモヤした状況のときが一番、精神的負担が大きい。そんなときはノートに書いてみるだけで、驚くほど気持ちがスッと軽くなる。

モヤモヤしているときは、たとえるならば部屋の中がゴミであふれている状態と同じだ。

こんなときは部屋のゴミ捨てと同じで、思考もゴミ捨て・断捨離をすることで、心の負担が軽くなる。

言葉にすることで言語化の訓練にもつながるため、他人に自分の気持ちを伝えるのが苦手な人も、次のプロセスでぜひ思考の断捨離に挑戦してみてほしい。

①ノートとペンを用意する（チラシの裏などでもよいし、スマートフォンのメモでもOK）

②タイマーをセットする

この時間は「自分に集中する」「自分のための時間」であることを意識するため、タイマーをセットしてから取り組んでほしい。時間はそれぞれの感覚で問題ない。最初は1分や3分という短い時間から始めて、そのうち5分10分を目指そう。

③頭で考えずに、とにかく感情をひたすら書く

最初のうちは何を書いていいかわからず、戸惑うかもしれない。そんなときは、「何を書いていいかわからない」ということを書いてしまおう。とにかく、感情をそのまま手に憑依《ひょうい》させて書き出すというイメージだ。誤字脱字は一切気にせず、文字のきれいさも無視して、とにかく〝書く〟ことに集中しよう。

文字にならない場合は、ペンでぐしゃぐしゃに書いてしまってもよい。明確なルールはないし、誰もあなたを縛ることはない。常識や倫理観に捉われることなく、どれだけ汚い言葉を使ってもよいので、思いっきり発散しよう。

④書いたものは破り捨ててもいいし、保存しておいてもよい

タイマーが鳴ったら切りのいいところで思考の断捨離を終了しよう。書いたノートはそのまま残しておいても、破り捨てても大丈夫だ。残しておく場合は、数カ月期間を置いて見直すと、「昔はこんなことで悩んでいたんだなぁ」と、自分の成長度合いが確認できるメリットがあるし、破り捨てる場合はストレス発散になる。

「育児中は忙しくてノートに書く暇がない」人も、ノートでなくてチラシの裏でも、なんならスマートフォンのメモでもよい。とにかく感情をアウトプットしてみよう。

自分のネガティブパターンを把握し、ルールを書き換える

思考の断捨離が習慣化してくると、自分がどういったパターンで「ネガティブゾーン（怒り・悲しみ・モヤモヤ）」に入ってしまうのかが見えてくる。

傾向が見えたなら対策といきたいところだが、**まずは自分にとって「都合の悪いルール」を書き換えられないか考えてみよう。**

ポイントは、自分にとって「都合よくする」ということだ。他人依存ではなく、自分自身でコントロールできるルールに改変していこう。

たとえば、感謝されたいのに感謝されないことがネガティブゾーンへの入口だとする。その場合、「何かをしてあげたらその相手は絶対に私に感謝の言葉をかけるべき」というルールを、「他人から感謝されるのを待つのではなく、よいことをやったら自分で自分に感謝する」と変えてみよう。このルールであれば、他人の要素が排除されるため、自分でコントロールできる。

毎日書いていくうちに、自分がどういうネガティブ思考に陥りがちなのかパターンが見えてくる。たとえば、「感謝されない、認めてもらえない、自己充足感が満たされないときにやる気がなくなる」「私だって本当はやりたい仕事や遊びを我慢して育児をしているときに、相手が気にせず好き勝手にやっているのを見るとイライラする」「眠いとき・おなかがすいているときに怒りっぽくなる」などだ。

パターンが見えてきたら、自分にとって都合のよいようにルール

モヤモヤノートの例

↓頭の中をそのまま書くので、感嘆符などが入ってもOK

あ～ なんで私ばっかり寝られないの！

少しは夜寝かせてよ！ 代わりにあやしてくれたって

いいじゃんか！ 誤字・脱字・汚字は気にしない！

ムカつく！ 言いたい！ はっきりと言ってやりたい！

言えない自分もいや！

仕事で疲れてるってさー私だって疲れてるっつーの！

ネガティブ傾向

誰にも褒められない。 感謝もされない

私だってさ仕事したいのに。 もう寝たい、ずっと

疲れてる！ なんでわかってくれないの？ もういや！

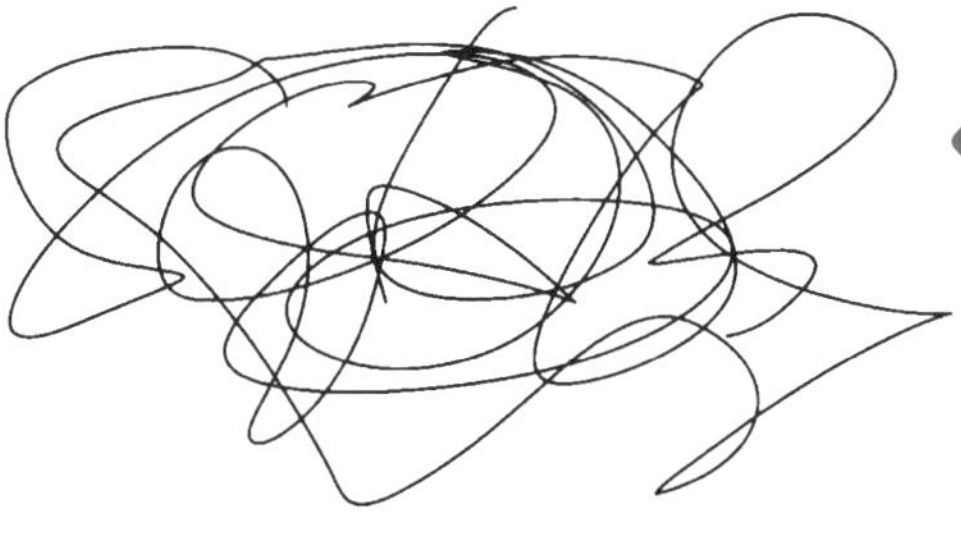

←言語化できないときは、
ぐちゃぐちゃに
描くだけでもOK！

【モヤモヤノートの書き方】

- 心にあるモヤモヤをそのまま書き出すことを重視
- 字の汚さや誤字脱字は気にせず、漢字を使わなくてもよい。心の声のスピードに置いていかれないように汚くてもとにかく書き出す
- 思いっきり負の言葉を使ってもOK。過激な内容を書いた人は書いた後にノートをビリビリに破いてストレス発散＆証拠隠滅しよう

思考の断捨離のやり方

①ノートとペンを用意する

②タイマーをセットする

③頭で考えずに、とにかく
感情をひたすら書く

④書いたものは破り捨てても
いいし、保存しておいてもよい

を変えよう。「自分で自分に感謝したらいい」「私も遊んだってよい」「週に1回は子どもを預けて爆睡する」「晩ご飯だけは自分の好きなものを好きなだけ食べる」などだ。

大事なのは、「あれ？　感謝されたいのはわかったけれど、それって他人からしてもらう必要があるのかな？　特定の誰かから感謝されるために生きているわけじゃないし、いいことをやったのなら自分で自分を認めて褒めたらいい」と気付くことだ。

ＡＳＤ傾向の人は自分なりのルールやこだわりを持つことが多いが、〝合理的〟であると自分で納得できた場合、意外と柔軟に新しいルールを適用できる。他人という不確定ファクターを待つのではなく、自分でコントロールできる範囲に都合よくルールを書き換えていこう。

先感謝の法則で相手と接する

家事や育児のつらいことはすべてが「やって当たり前」とみなされ、誰からも褒められず・認められず・感謝されず、その上何かがあれば減点方式で責められることだ。

だからこそ、自分だけは自身の味方になり、パートナーや他人から感謝されたかったのであれば、**自分で自分に感謝しよう。**

「私、毎日寝ずに育児やって偉

モヤモヤノートを書いての分析

言いたいことも言えない自分が嫌

⇒言えないのではなく、
言わなかった

感謝されもしない

⇒他人からの感謝を求めず、
自分自身で感謝する

なんでわかってくれないの？

⇒わかってもらう必要なし！
自分自身で認めよう！

い！」「今日も起きて偉い！」「ご飯作って偉い！」「ご飯食べて偉い！」「本当に私、今日もありがとう！」。

24時間・365日あなたの頑張りを知っているのはあなただけなのだから、自分で自分を認めてあげ、自分で自分に感謝することが何よりも大切なのだ。

そして、自分褒め・自分感謝のハードルはとことん下げて大丈夫だ。

赤ちゃんがうんちをしただけで褒められるように、自分だってトイレをしただけで自分のことを褒めても何もバチはあたらない。それどころか、自分褒めハードルが下がれば下がるほど、他人への期待ハードルも下がるため、相手に対して寛容になれる。自分だけでなく、相手に対しても**「感謝シャワー」**を浴びせよう。

具体的なやり方は次の通りだ。

①生きているだけで頑張っている自分に気付き、自分に感謝する

書いていくうちに「ここまでストレスをため込むまで頑張っていた自分」がいたことに気付き、自分で自分を褒めて感謝してあげよう。

妊娠から出産のときを思い出しても、相当に頑張っている。さらにこうして育児の書籍まで手にとって読んでいる自分がいかに頑張っているのかに気付き、自分を労ってあげよう。あなたは誰が何と言おうと、よくやっている。本当に偉い！

②周囲に対しても「感謝シャワー」を浴びせる

自分に感謝をとことんやった上で、周囲にも感謝をしていこう。「褒めるところなんてない！」と思う人もいるかもしれないが、それはあなたが「減点色眼鏡」をかけているからにすぎない。「減点色眼鏡」を「加点色眼鏡」に変えて、仕事に行ってくれるだけで、ケガなく無事に帰ってきてくれただけで、「感謝」できるポイントを見つけていこう。

なお、基本的な考え方は、「減点式」ではなく「加点式」にすることだ。自分や相手のできないところ、ダメなところ、欠点を否定するのではなく、今できていること、やれていること、そして存在自体に〇を付けて加点していく。感謝していくことで人間関係は良好になっていく。

「宗教っぽい」と思う人もいるかもしれないが、感謝の力は近年科学的に立証されており、感謝をされた側だけでなく、する側にも幸せホルモンが分泌されることがわかっている。感謝はやったもの勝ちなのだ。

要望を伝えるときは感情もセットで

もちろん、自分の意見を主張することも大事だ。その際にも普段感謝シャワーを浴びせているかどうかで、交渉の通りやすさが段違いになる。

交渉の際にもうひとつ大事なこととして、**自分の「要望」と「感情」をセットで伝えよう。**「夜泣きのときに順番に起きてくれたら本当にうれしいし、助かるの」「私が一人で寝かしつけをやっているときに、テレビを観ているの、寂しいなぁ。一緒に観たいなぁ」といった具合に、「要望」と「感情」をセットで伝えよう。

具体的な解決手段はあってもなくてもどちらでもいい。相手から「じゃあどうしたらいい？」という言葉を引き出し、2人で考えればいいのだ。

人は正論ではなく、感情で動く生き物だ。「こうしてくれたらうれしい」「これをされたら悲しい」というあなたの感情が相手の感情を揺り動かし、相手の行動につなげてくれる。

「なんでこんなこともできないわけ？」「どうして私の気持ちをわかってくれないの？」という言葉を言いたくなるのは痛いほどわかるが、言ったところで効果はゼロに近い。そんな言葉かけで変わるような相手であれば、言われずともやっているからだ。

Column

DVやモラハラケースはすぐに逃げて

「過去と他人は変えられない」という言葉はよく知られており、人間関係改善の大原則は「他人ではなく自分を変える」ことにある。

この論調のせいで一部「自分に原因があるのだから、自分が悪い」と決めつけて自分責めをしてしまうケースが、発達障害の人、特に自己肯定感の低い人に発生しがちだ。

「相手があんなに怒ったり、暴力をふるったりするのは、私のできが悪いからだ」と洗脳されている場合もあり、モラハラやDVを受けている自覚を持たずに自分で解決しようとしてしまう。

もし相手があなたや子どもに暴力をふるったり、あなたの人格を否定するようなひどい言葉を執拗なまでに浴びせてきたりする場合は、DVやモラハラに該当するので、すぐに逃げよう（逃げられない人は少なくとも相談窓口に相談しよう）。

本章で紹介している思考の断捨離を行うと、客観的に物事が見られるようになるので、「もしかするとこれってモラハラ？」と気付くこともあるかもしれない。その場合はすぐに誰かに相談してほしい。「私が悪い、私に原因がある」のではなく、あなたは十分に頑張っている。

DVやモラハラは一朝一夕で治るものではないので、あなたや子どもの人生を犠牲にしてまで、無理に相手に寄り添う必要はない。

妊娠・出産してから友達と疎遠になっちゃった

対策

- 友達には自分から積極的に連絡をとる
- 人間関係の変化を受け入れる

事例 私抜きで友達が集まっている

妊娠出産、それに育児……、気が付いたらもう冬かぁ。毎年この時期は地元の友達みんなで集まっていたけれど、今年はお誘いがなかったなぁ。

出産祝いのメッセージはもらったけれど、最近みんなと全然連絡をとってないや。久しぶりにみんなのインスタ見ようかな。

あれ？ 待って、私抜きで地元の友達が集まってる。なんで誘ってくれなかったの。ショック。

原因 お互いに気を使った結果、距離が生まれる

結婚や出産はライフスタイルが大きく変わるため、これまでと同じように友達と付き合うのが難しくなる。学生時代のように夜通し遊ぶのも、子連れで遅くまで居酒屋で飲むのも現実的ではない。

出産経験のない人からすると、「出産前後は大変」「育児は小学校卒業くらいまでは落ち着かないから、しばらく会えない」みたいな漠然としたイメージを持っている場合もあり、「大変なのに遊びの誘いをするのも……」という気遣いから徐々に距離が広がってしまうケースがある。

以前の友達と会っても、お互いの環境の変化によって話が合わなくなってしまい、話が前ほど盛り上がらないことがある。これは**環境の変化によってお互いの興味・価値観が変わったこと**が原因であり、あなたが変わったのかもしれないし、もしかすると相手が変わってしまった可能性がある。以前

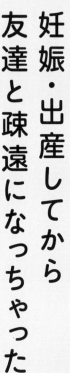

のように話せなかったとしても、それはあなたのせいでも相手のせいでもないので、落ち込む必要はない。

解決法　友達には自分から積極的に連絡をとる

出産経験のない人からすると、出産後は忙しいことをなんとなく知っているので、連絡を躊躇《ちゅうちょ》する場合がある。いつになったら育児が落ち着くのかもよくわからないし、遊びに誘うと「子どもがいるのに常識のないやつ！」と思われるのではないか、という気持ちからなかなか連絡するのに躊躇してしまうのだ。

確かに寝る間もない出産直後に自分から連絡をとる必要もないし、メッセージを返す余裕がないのなら睡眠時間を削ってまで返信する必要はない。本当にあなたのことを想ってくれる友達であるならば、出産後の忙しい時期に返信がないからといって怒ることはない。

ただし、保育園に預けられるようになったり、育児に多少の目途が付いて「友達に会いたいな」と思ったときは、**自分から連絡をとってみよう**。待ちの姿勢はNGだ。

誘うときは、「久しぶりに会わない？」という抽象的な言葉よりも、「子どもは夫にみてもらうから、久々にランチに行かない？」とか、「子どもがいるからうちでケータリングランチしない？」みたいに、**会い方の提案**もしてみよう。これをしないと、相手から「じゃあ金曜の夜に居酒屋で」と無理を言われたときに「断るストレス」が発生する。相手も悪気があるわけではないので、どういう条件なら会えるか、こちらから提案するとよい。

ただし、働いている相手に対して平日の昼にうちまで来て、のような条件だと相手も困ってしまうので、相手にも配慮して提案しよう。たまに「しばらく連絡がないから嫌われてしまった」と思う人がいるが、ほとんどの場合は勘違いで、相手が遠慮して連絡をしていないだけなので、恐れずに連絡してみよう。久しぶりに友達から連絡が来るのは誰にとってもうれしいものだ。

人間関係の変化を受け入れる

久しぶりに会ってみたものの、

提案例

久しぶりに会わない？　子どもは夫にみてもらうから、久しぶりにランチに行かない？

子どもがいるから、うちでケータリングをとるのどう？　おいしい中華があるの！

GWなら実家に帰っていて、親に子どもの面倒をみてもらえるから、一緒にご飯に行こう？　○日とか○日空いてない？

子どもが保育園に入って、私も仕事復帰したよ。久しぶりに会いたいな。おいしいイタリアンがあるんだけど、ランチどう？　できれば子どもも一緒に連れて行けたらと思ってる。お店は子どもOKなお店！

仕事はリモートしてるって聞いたけど、調子どう？　お昼休みの時間とか、Zoomお茶会しない？

久しぶり～！　実は○○に引っ越しました。よかったら週末とか遊びに来てほしい。家族一同でおもてなしするよ。

なんとなく話が合わなかったり、盛り上がらなかった、という経験をした人もいるだろう。子どもの写真を見せても「ふーん」しか反応がなくて、なんとなく寂しい思いをしたり、友達の職場の愚痴を聞いていたら「その程度のことで？」とあまり共感できない自分がいたり……。

環境が変わると人の興味も価値観も変わってしまう。これは決して悲しいことではなく、自然の摂理だと思うようにして、受け入れよう。変わったのはあなたかもしれないし、相手かもしれないし、両方かもしれない。

いずれにせよ、**変わることは悪いことではない**のだ。「あの子、変わっちゃったわ」と悲しまずに、「私が成長したってことかな？」と都合よく解釈し、**「無理に相手に合わせない」**ことが大事だ。無理に相手に合わせたところで、あなたにとっても相手にとってもよいことは何もない。

今どきは連絡先さえ知っていれば簡単に縁が切れるわけでもなく、今生の別れではないので、もしかするとこの先の人生でまた仲良くなるタイミングはあるかもしれないが、今はそのときではないと割り切ろう。昔の友達となんとなく話が合わなくなったときは、新しい出会いのチャンスでもある。あなたと楽しく話せる人は必ずこの地球上に存在するので、以前の友人関係に執着する必要はまったくない。

Column

ママ友付き合いは最低限で大丈夫

「ママ友と仲良くしなければならない」「ママ友を作らないといけない」と思っている人も多いが、先輩ママに話を聞くと、ママ友関係は最低限でよいという意見を多く耳にする。なぜなら私たちが想像するほど、ママ友の関係性は子どもにあまり影響を及ぼさないからだ。子どもには子どもの社会があるため、よくも悪くも大人が介入する事は難しい。ママ友がいないことで子どもの人間関係が悪くなる事はほとんどないし、反対にママ友がたくさんできたところで子どもも学校の人気者になるのかといえばそれはまったく別の話だ。

ママ友付き合いが最低限でいいという意見が多い一方で、先輩ママたちの多くが「思ったよりも重要だった」と語る人間関係が『学校の先生』だ。特に自分の子が発達特性の場合は、学校の先生に特性をしっかり理解してもらう必要がある。家での様子や、学校で起こりうるトラブルなど、事前に先生に相談しておくとよい。子ども同士のトラブルが発生したときのために、ママ友と良好な関係を築いておきたい人も先に先生に相談してみよう。「自分の子どもの発達特性について、保護者会で他の保護者の皆さんに周知したほうがよいでしょうか？」というように先生に聞いてみてほしい。何かトラブルが発生したとき、間に必ず入るのは先生なので、先生とのコミュニケーションがとにかく大事だ。

ママ友がいないとSNSで行事の写真を共有してもらえないなどの不都合が生じることもある。ただ、すべての人間関係の糸を常にピンと張りつめておくと、心が休まらないし、押しつぶされてしまうこともある。ママ友に限らず人間関係にはある程度メリハリをつけて、疲れすぎないことが大事だ。

ママ友関係が怖い！

対策

- 一人ポツンママ友に声をかけてみる
- ママ友マッチングアプリを使う

事例　ママと子どもの名前が覚えられない

ママ友の会話についていけなくて、毎日の送り迎えがストレスすぎる。みんななんで他人の子どもの顔と名前を覚えているの？

しかも、ママもセットで覚えなきゃいけないし、難易度が高すぎる。向こうは私のことを知っているのに、私は相手のことを全然覚えていないから、話しかけられるたびにプレッシャーだよ。というか、うちの子が水泳教室に通い始めたことを、なんでこの人は知っているの？

原因　女性同士のコミュニケーションは高度で難しい

ママ友同士の会話を聞くと、その高度さに驚くことがある。ママの顔と子どもの顔・名前をセットで覚えていることはもちろん、住んでいる場所、習い事は何をやっているのか、旦那さんは何の仕事なのかまで把握している人がいて、まるでデータベースのようだ。

一方で発達障害の人は**興味のないことへの記憶力が著しく低い**ため、他人の子どももと家庭環境にそこまで興味を持って覚える人は少数派だ。その結果、ママ友の会話についていけなくなり、ストレスになる人もいる。

解決法　一人ポツンママ友に声をかけてみる

発達障害の人にとってママ友同士の会話はかなり難易度が高い。

ママ友に話しかける際の例

子どもたち、盛り上がってますね～。
どの子がお子さんですか？

先生がよい人そうで、安心しましたね。

なんかちょっとこういう場って、子どもより
こっちのほうが緊張しちゃいますよね！

お子さん、○○組ですか？
実はうちもなんです！

それに加えて、複数人での会話となると、もうどうしていいかわからない人もいるだろう。

　そんなときは、大人数の輪に入るよりも、**同じように一人でポツンと立っているママ友に声をかけてみるといい**。1対1のコミュニケーションなら複数人とのコミュニケーションよりもハードルが下がるし、一人でポツンとしているママは、「話しやすい人が多い」という意見が当事者の声としてよく挙がる。一人でもママ友がいれば、「情報難民」にはなりにくいし、心理的にも心強い。

　話しかける際のポイントは、**とにかく笑顔を大事にすることだ**。そして、前ページのような共通の話題（子ども）から入ると話しやすい。

ママ友マッチングアプリを使う

同じ園にこだわることなく、単に育児の悩みを相談したい、ということであれば**ママ友マッチングアプリ**を使うのも手だ。

　代表的なものだと「MAMATALK（ママトーク）」というアプリがある。市町村レベルでママ友を探してくれるので、気が合えば実際に会うことも可能だ。「会話は苦手だけど、文章のやりとりなら得意」という人にとっても、マッチングアプリであればメッセージのやりとりで他のママ友と関われる点もポイントだ。

　ただし、マッチングアプリを使う際には、悪意の第三者が使っていないとは言い切れないので、安易に個人情報を出さないように気を付けよう。

無理にママ友は作らず、先生を味方につけておく

　先輩ママの中には「ママ友は不要」と言い切る人もいる。173ページのコラムでも述べたように、ママ友よりも大事なのは先生で、先生と密にコミュニケーションがとれるかどうかのほうが育児にはよほど大切、ということだ。

　育児での困りごとや悩みがあれば、先生に相談してみるのも手だ。先生に自身の発達特性について自己開示している先輩ママもいる。

　先生によっては配慮してくれる場合もあるが、人によりけりなので、「特性を伝えたから絶対に配慮してほしい」というスタンスはやめよう。先生といえども人間なので、過度に期待をしたり、負担をかけたりするとかえって信頼関係は崩れてしまう。

　先生に「あれやって」「これやって」という態度で臨むのではなく、「こういうことで困っているのですが、私に何ができるでしょうか？」という態度で接すると、適切なアドバイスを得られやすい。

ママ友マッチングアプリ

● MAMATALK
（ママトーク）

- ユーザー数が多い
- 細かい地域まで指定でき、ご近所のママ友と出会うことができる
- おすすめの子連れスポットを投稿できる機能や、掲示板ではイベント告知や相談事などができる機能がある

● Fiika
（フィーカ）

- ママの生活スタイル（フルタイム勤務、専業主婦、時短勤務、育児休暇中など）で相手を絞れる
- 地図表示でママ友の位置が表示されており、ご近所のママと知り合える

● 子育てシェア

- 送り迎えをお願いできたり、服のおさがりなどを融通し合ったり、ママ友同士で育児に関するあれこれを「シェア」することができる
- イベントも多数開催されており、ママ友とつながれる

● ジモティー

- イベント情報や、不用品の譲り合い、ペットの里親募集など、地元情報が集まったアプリ
- メンバー募集からママ友募集のカテゴリーがあり、地元のママ友を気軽に募集できる

子どもと一緒だと外出するのも気を使う

対策

- 迷惑はかけていいというメンタリティを持つ
- マナー違反・迷惑行為の範囲がわからなければ人に聞く

事例 私、迷惑かけてない？

子どもが生まれたことで行きたい場所が増えてきた。公園は毎日行きたいし、今度の休みにはテーマパークにも行ってみたい。

でも、ベビーカーで電車やバスに乗るのは絶対迷惑だよね。うちの子、泣いたら大騒ぎするし、周りの人から怒られたらどうしよう。

独身時代はあまり気にしていなかったけれど、子どもが生まれてから気を使う機会が増えたなぁ。

原因 過去のトラウマから迷惑恐怖症に

発達障害の人は親や先生から怒られて育った人も少なくなく、大人になってからも職場で叱責を受けたり、迷惑がられたりというつらい経験をしたことがある人も多い。本人の自覚なく「迷惑をかけること」に対してプチトラウマを持っていることがあり、そういう人は**過度に遠慮したり、萎縮した言動になりがちだ。**

そもそもマナーは不文律であることが多く、状況や相手によって正解も変わってしまうため、**明確な指針が欲しい**発達障害の人にとっては苦手分野である。「**空気を読む**」のも苦手な人が多く、「言われなくてもわかるでしょ」「こんなこと常識でしょ」と言われてもいまいちピンとこない。

解決法 迷惑はかけていいというメンタリティを持つ

人は生きている以上、必ず誰か

のお世話になっている。私たちの子ども時代を振り返ってもいろいろと迷惑をかけてきたし、今だって誰かの助けなしには私たちは生きていけない。

子どもは親だけが育てるものではなく、社会全体で育てていくことが本来の形なのだから、「迷惑をかけるかも」という気持ちで萎縮する必要はない。迷惑をかけずに、まったく誰にも怒られずに子どもが育っていくのは不可能なので、まずは割り切ってしまおう。

その上で、「マナー違反」や「迷惑行為」を避けるように心がければよい。この項を読んでいる人の場合、既に「迷惑をかけまい」という心がけはできている人がほとんどだと思うので、**まずは迷惑を恐れずに育児を楽しもう**。

最近では迷惑を恐れるあまりに〝孤育て〟になってしまうケースもある。社会に胸を借りるつもりで、困ったときは頼ればいいし、迷惑をかけてしまっても謝って、次から気を付けるようにしたらいいのだ。

マナー違反・迷惑行為の範囲がわからなければ人に聞く

いったい何が許されて、何がダメなのか、マナーは不文律として存在していることが多く、その曖昧さは発達障害の人にとってはわかりにくいものである。さらに、マナーは人や環境によっても許容度合いが変わってくるので、判断が難しい。

そんなときは、**ママ友や家族に聞いてみよう**。「自分がされて嫌なことは相手にやってはダメ」という曖昧な指針だと、結構世間からずれていることがある（筆者自身がそうだったため、街中で見ず知らずの他人に大声で怒鳴られた経験が過去に20回以上ある）。

神経質になる必要はないが、気になることはできる限り払しょくしておこう。

人に聞く際のポイントは、**背景までしっかり説明すること**だ。ついつい出来事だけを語りがちになってしまうが、TPO（どんなときにどんな場所で）と相手方（どういう関係性か）の情報も加えて、アドバイスを求めるようにしよう。

子どもが他人から怒られた場合は事情を聞く

子どもが先生や近所の人などから怒られた場合、まずは子どもと一緒にいるのであれば、**怒った大人の双方から事情を聞くようにしよう**。

人にマナー違反かどうか聞く際の例

×　この前ママ友とご飯に行ったらさ、なんか怒らせちゃったみたいで気まずいんだよね。何が悪かったんだろう？

○　子ども同士が仲のいいママ友と子どもを含めて４人でご飯に行ったのね。うちの子が食べているメニューを、向こうの子どもも食べたそうにしてたから、食べかけを少し分けてあげたの。そしたら「そういうの、やめてください！」って怒られちゃった。食べかけだったのが悪かったのかな。よくわからなくて。

×　この前ママ友の家に招待されて行ったんだけど、気まずい空気になっちゃってさ〜。どうしたらよかったんだろう？

○　この前ママ友の家に招待されたから子どもと一緒に行ったのね。子どもがはしゃいじゃって、部屋のドアや冷蔵庫のドアを開けたりとかなり奔放にしてたら向こうのママがなんかイライラしちゃって。一応私も子どもを注意したんだけど、何がそんなにイラついちゃったのかわからなくて。どうしたらよかったんだろう？

×　この前、お義母さんに「こんなところでベビーカーを使うんじゃない！」って怒られたんだけど、これって私の何が悪かったのかな？

○　この前お義母さんと、2歳の子どもと一緒にバーゲンセールに行ったのね。人も荷物も多いからベビーカーに子どもを乗せようとしたら、お義母さんから「こんなところでベビーカーを使うんじゃない！」って怒られたんだけど、これって私の何が悪かったのかな？

×　めっちゃ腹立つの！　急に知らない人から「ふざけるな！」って怒られて、もうムカムカする！

○　この前ベビーカーで散歩してたら、わざとじゃないんだけど、ちょっとぼーっとしてて、前を歩いていたおじさんの足にあたっちゃって、「ふざけるな！」って怒られたのね。思わずにらんじゃったんだけど、この対応ってまずかった。とっさにカッとなっちゃった。

真っ先に同調して怒ると子どもとの信頼関係が崩れる可能性があるし、だからといって子どもをかばいすぎると相手の怒りをさらにあおることにもなりかねない。

もし、冷静に話せる状況でないのなら、その場で相手に謝ったとしても、後で必ず子どもからも事情を聞くようにしよう。

あいさつと笑顔は究極のバリア

「子どもが少し喋っただけで、『うるさい！』と大声で怒鳴られた」「ベビーカーを押しているだけで『邪魔』と言われた」

もしかすると、子どもと街に出ただけで冷たい言葉を他人から浴びせられた経験のある人もいるかもしれない。中には子どもに対して不寛容な人もいるので、たまたま虫の居所が悪いタイミングにかち合ってしまうと、理不尽な扱いを受けることもある。

そんなときは「あの人、疲れているのかも」「仕事がうまくいかなかったのかなぁ」などと脳内補完をして、あまり気にしないのが吉だ。24時間365日誰にでも優しくできる人はこの世に存在しないので、不寛容な扱いを受けてもこちらは寛容で返す、くらいに余裕を持とう。

その上で、口角を上げてニコニコしながら、**できれば公園などで出会った人には会釈でもよいのであいさつをしてみよう。**

人の感情は伝染することがわかっており（情動伝染という）、自分がご機嫌であれば、周囲の人もご機嫌になる。不寛容な人を寄せ付けない、不機嫌な人をご機嫌に変えていくという点で、「自分の機嫌は自分でとる」のは非常に大事なことなのだ。常にご機嫌をキープしよう。

なんとなく元気が出なくても口角を上げて笑顔を作るだけで、脳は幸せホルモンのセロトニンを分泌する。「笑う門には福来たる」を実践してほしい。

Column

ママ友って、なんで必要なの？

ママ友がいると、子育て中の悩みを相談したり、地域や園・学校の情報を手に入れられるメリットがある。

特に、保育園・幼稚園の評判や、腕のいい小児科の情報などはインターネットで調べてもなかなか出てこないので、内輪でしか回らない生の情報が手に入るのが一番のメリットだ。

また、保育園・幼稚園に通っていない場合は、子どもの遊び相手を作ることができるのも大きな利点だ。

しかし、裏を返せば、情報は自分で集めて自分で判断したい派であれば、特にママ友を作る必要はない。

ママ友は「いたら便利」程度のもので、無理に作る必要はないし、ママ友がいないことを気に病む必要もない。

ちなみに、筆者もママ友は一人もいないが、毎日元気に楽しく暮らしている。

おわりに

本書をお読みくださり、ありがとうございます。本書は私、沢口千寛と豆の時間の共著という形で執筆を行いました。実は、私自身は妊娠・出産経験がありません。最初に本書執筆の依頼を受けたとき、飛び上がるほど喜んだのと同時に、「私に書けるのか？」という不安がよぎりました。そこで一緒にでこ女を運営している豆の時間に共著を持ち掛け、今回、出版することができました。

豆の時間はちょうどそのとき、第一子を出産したてという状況で、育児が一番大変な時期に本書の執筆をしてくれました。ただでさえ、寝る間もない中で、子どもを一時保育に預け、その間に集中して執筆をしてくれました。本人がまさに育児中ということもあり、一番熱い想いがこもった原稿になったと思っています。一緒に何度も発達ママの会を開催し、毎週のようにオンラインで執筆内容の打ち合わせを行い、まさに二人三脚で執筆しました。出産・育児・家事・仕事・執筆と、タイトなスケジュールの中、一切の妥協なく書き上げてくれた彼女に心からの敬意と感謝を伝えたいです。

そして私自身は妊娠・出産経験がないことを活かして本書を執筆しようと決めました。出産経験がないからこそ、「自分が出産するならこういう情報が欲しい」という観点で、執筆ができたことは非常によかったと思っています。書籍の内容もできるだけニュートラルな観点で決定しようと、でこ女会員の皆さんからの意見500件以上を熟読しましたが、実際には読むと皆さん一人ひとりのドラマに、何度涙したかわからない程で、ニュートラルとは程遠く、おおいに感情移入していた自分がいました。育児の大変さ、そして尊さをひしひしと感じ、私自身もまるで自分が出産・育児を経験したかのような体験ができ、妊娠が難しい私にとっては宝のような経験でした。

また、本書制作にあたり、多くの方にご協力をいただきました。何度も原稿のアドバイスをしてくれただけでなく、原稿が遅れがちな状況の中、スケジュール管理をしてくれた翔泳社の長谷川和俊さんには感謝してもしきれない思いです。長谷川さんのお力なしには本書が世に出ることはありませんでした。そして、助産師の小寺樹里さんには、実際の現場を考慮し、第1章～第3章までをレビューしていただき、育児支援の情報提供など、多大なご協力をいただきました。かねてより発達民の出産前後の支援をテーマに、多くの当事者ママをインタビューしてきた樹里さんならではのアドバイスにより、情報に深みを増すことができました。臨床心理士・公認心理士の土岐慧子さんには臨床心理士としての知見から、全体的な監修を含めたアドバイスをいただきました。そして何より、アンケートやママ会、当事者会でご意見をくださったでこ女会員の皆さん、ここには書ききれない、本書執筆に際しご協力いただいた皆さんに心より感謝申し上げます。

少子高齢化が進む日本において、この書籍が少しでも出産・育児の希望になることを祈って、本書を締めたいと思います。

2024年7月　沢口千寛

■ 会員特典データのご案内 ■

本書の読者特典として135ページ掲載の「簡易版収支見直し表」の完全版をご提供致します。

会員特典データは、以下のサイトからダウンロードして入手いただけます。

https://www.shoeisha.co.jp/book/present/9784798178950

●注意

※会員特典データのダウンロードには、SHOEISHA iD（翔泳社が運営する無料の会員制度）への会員登録が必要です。詳しくは、Webサイトをご覧ください。

※会員特典データに関する権利は著者および株式会社翔泳社が所有しています。許可なく配布したり、Webサイトに転載したりすることはできません。

※会員特典データの提供は予告なく終了することがあります。あらかじめご了承ください。

※図書館利用者の方もダウンロード可能です。

本書内容に関するお問い合わせについて

このたびは翔泳社の書籍をお買い上げいただき、誠にありがとうございます。弊社では、読者の皆様からのお問い合わせに適切に対応させていただくため、以下のガイドラインへのご協力をお願い致しております。下記項目をお読みいただき、手順に従ってお問い合わせください。

●ご質問される前に

弊社 Web サイトの「正誤表」をご参照ください。これまでに判明した正誤や追加情報を掲載しています。

正誤表　https://www.shoeisha.co.jp/book/errata/

●ご質問方法

弊社 Web サイトの「書籍に関するお問い合わせ」をご利用ください。

書籍に関するお問い合わせ　https://www.shoeisha.co.jp/book/qa/

インターネットをご利用でない場合は、FAX または郵便にて、下記“翔泳社 愛読者サービスセンター”までお問い合わせください。電話でのご質問は、お受けしておりません。

●郵便物送付先および FAX 番号

送付先住所　〒 160-0006　東京都新宿区舟町 5
FAX 番号　03-5362-3818
宛先　(株)翔泳社 愛読者サービスセンター

●回答について

回答は、ご質問いただいた手段によってご返事申し上げます。ご質問の内容によっては、回答に数日ないしはそれ以上の期間を要する場合があります。

●ご質問に際してのご注意

本書の対象を超えるもの、記述個所を特定されないもの、また読者固有の環境に起因するご質問等にはお答えできませんので、予めご了承ください。

※本書に記載されている情報は、2024 年 6 月執筆時点のものです。
※本書に記載された商品やサービスの内容や価格、URL 等は変更される場合があります。
※本書の出版にあたっては正確な記述につとめましたが、著者や出版社などのいずれも、本書の内容に対してなんらかの保証をするものではなく、内容やサンプルに基づくいかなる運用結果に関してもいっさいの責任を負いません。

［著者プロフィール］

沢口 千寛（さわぐち ちひろ）

発達障害を持つ女性のためのコミュニティ Decojo代表
リフレーミングコンサルタント／ブリーフセラピスト
大学卒業後、エンジニアとして就職するものの、まったく仕事ができず社内ニートに。社会人3年目に発達障害（ADHD）と診断される。今まで“個性”だったものが“障害”となったショックから、この気持ちを誰かと共有したいという気持ちから発達障害を持つ女性のためのコミュニティ Decojo（でこ女）を2017年に立ち上げる。オンライン当事者会から活動を開始し、全国でも不定期で当事者会を開催。登録者数は1,500人を超える。Decojoの活動以外にも、心理療法であるブリーフセラピストの資格を有し、「日本人の幸福度向上」をテーマに、リフレーミングを使ったセッションや講座を主宰している。著書に『ちょっとしたことでうまくいく 発達障害の女性が上手に生きるための本』（翔泳社）がある。

豆の時間（まめのじかん）

発達障害を持つ女性のためのコミュニティ Decojo副代表
大学卒業後、ちょっとした違和感から精神科を受診。ASDをメインにADHDを併発した発達障害と診断される。「女性だけで悩みを打ち明ける場が欲しい」という想いから、同じ時期に発達障害と診断された千寛と、Decojoを立ち上げる。現在はフルタイム勤務をしながら完全ワンオペで第一子を育児中。

装　丁・本文デザイン	小口翔平＋神田つぐみ（tobufune）
イラスト	高村あゆみ
本文DTP・図版	一企画

ちょっとしたことでうまくいく
発達障害の人が上手に子育てするための本 ［0～3《ゼロカラサン》歳児編］

2024年7月10日　初版第1刷発行

著　者	沢口 千寛・豆の時間
発行人	佐々木 幹夫
発行所	株式会社 翔泳社（https://www.shoeisha.co.jp）
印刷・製本	株式会社 ワコー

本書へのお問い合わせについては、187ページに記載の内容をお読みください。

ISBN978-4-7981-7895-0　　Printed in Japan